KitchenAid

CUISINE HEALTHY

70 RECETTES GOURMANDES ET ÉQUILIBRÉES

KITCHENAID

RENDEZ VOS MOMENTS MÉMORABLES

Bienvenue dans l'univers savoureux d'une cuisine saine et équilibrée. Découvrez qu'il est possible de faire attention à son alimentation et à sa santé avec gourmandise, sans se priver. Le tout est de savoir composer son assiette.
Le robot pâtissier multifonction KitchenAid, ses accessoires et les autres électroménagers de la gamme KitchenAid vous accompagneront dans l'élaboration de plats variés, gourmands et équilibrés tout en vous procurant un maximum de plaisir.
Démarrez votre robot pâtissier pour laisser libre cours à votre créativité !

DÉCOUVREZ LA COLLECTION SANS FIL KITCHENAID GO

La collection sans fil de KitchenAid vous donne le pouvoir de créer et de bouger comme bon vous semble. Que ce soit le batteur à main, le mixeur plongeant, le hachoir, le blender individuel, le moulin à café ou l'aspirateur de cuisine, chaque outil du système sans fil KitchenAid Go est alimenté par une batterie amovible et rechargeable pour une fabrication puissante et sans fil. Lorsque vous n'êtes pas connecté à une prise électrique, vous pouvez vous déplacer facilement et spontanément dans votre cuisine et profiter d'un flux de travail plus fluide.

CRÉEZ LE ROBOT QUI VOUS RESSEMBLE

1-CHOISISSEZ UNE TAILLE

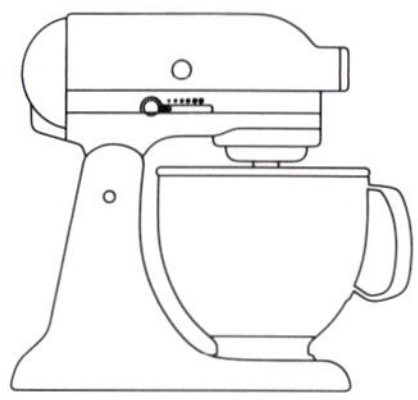

MOYEN
Le robot standard emblématique, parfait pour 4 à 6 personnes, entre amis ou en famille.

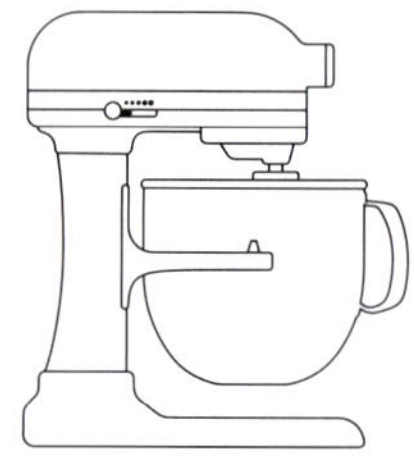

GRAND
Vous êtes un as des fourneaux ou vous avez une grande famille à nourrir? Optez pour le maxi-modèle inspiré du design et de l'usage professionnels.

2-CHOISISSEZ UNE COULEUR

Choisissez la couleur qui reflète (au mieux) votre personnalité.

MOYEN

- Pomme d'amour
- Rouge empire
- Noir onyx
- Truffe noire
- Crème
- Linge frais
- Blanc
- Macaron pistache
- Vert sapin
- Jaune pastel
- Bleu glacier
- Bleu velvet
- Encre bleue
- Rose poudré
- Gris étain
- Gris argent
- Gris impérial
- Miel
- Lavande
- Porcelaine
- Juniper

GRAND

- Pomme d'amour
- Rouge empire
- Noir onyx
- Truffe noire
- Blanc
- Rose poudré
- Gris étain
- Argent

3-CHOISISSEZ UN BOL

PRINTEMPS

ÉTÉ

AUTOMNE

HIVER

LES ACCESSOIRES DU ROBOT PÂTISSIER MULTIFONCTION

LES ACCESSOIRES DE BASE

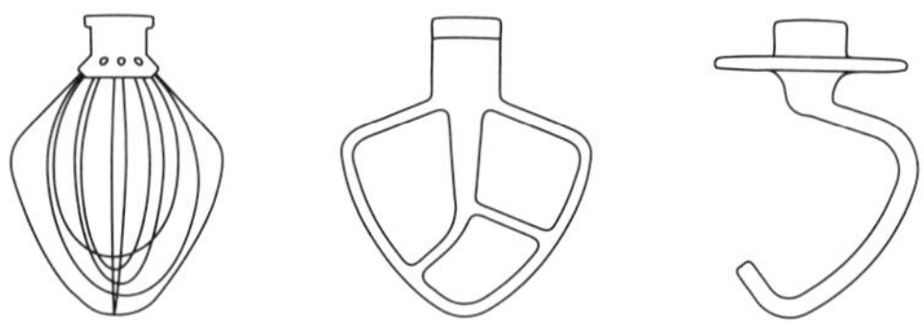

- Fouet à fils
- Batteur plat
- Crochet pétrisseur

LES EXTENSIONS POUR LES PRÉPARATIONS CULINAIRES

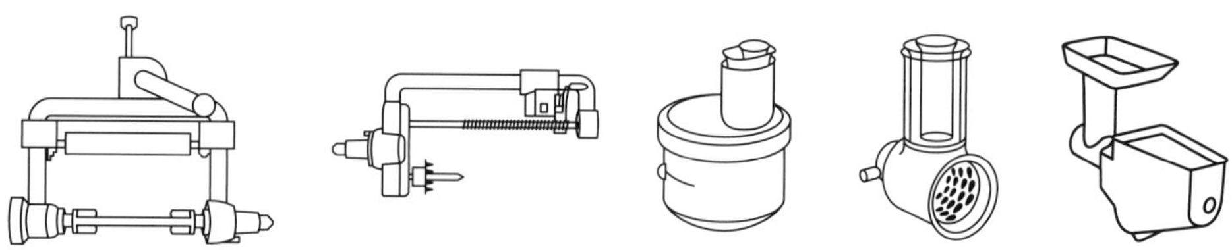

- Accessoire coupe-lanières de fruits et légumes
- Accessoire taille-légumes en spirale
- Accessoire robot ménager
- Tranchoir / râpe à cylindres
- Passoire à fruits et légumes

LES EXTENSIONS POUR LES PAINS, PÂTES ET CÉRÉALES

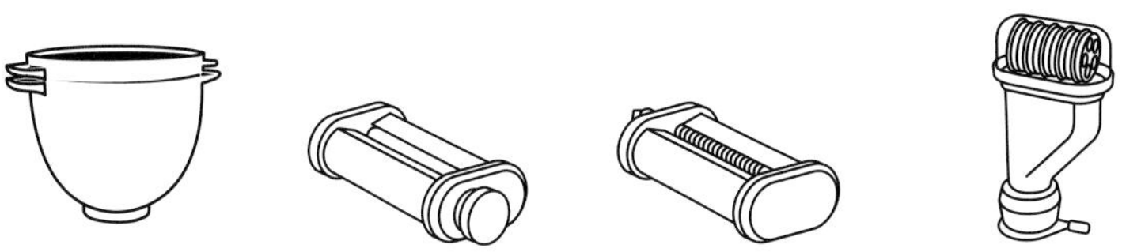

- Bol à pain
- Set composé d'une machine à pâtes et de rouleaux découpeurs
- Presse à pâtes

LES EXTENSIONS POUR LES PRÉPARATIONS SUCRÉES ET LES GLACES ET SORBETS

- Batteur à pâtisserie
- Batteur à bord flexible
- Tamis et balance
- Sorbetière
- Râpe à glace

ROBOT MÉNAGER

Hachez, râpez, tranchez, pétrissez, mixez ou réduisez en purée avec le robot ménager.
Transformez les aliments comme vous souhaitez en quelques secondes. Avec son disque à trancher, sa lame polyvalente, sa lame de pétrissage et son disque à râper-trancher réversible, vous surmonterez tous les défis.

BLENDER

Le blender est un indispensable de votre cuisine pour préparer sans effort des smoothies, des cocktails, des soupes, des sauces et bien plus encore.
Grâce au blender, vous pouvez facilement réaliser toutes sortes de tâches quotidiennes en deux fois moins de temps. Réalisez des mocktails et des desserts, ou encore des sauces, des purées, des pâtes à tartiner et des soupes onctueuses. Il mixe tous les ingrédients pour obtenir des mélanges frais et savoureux en un clin d'œil.

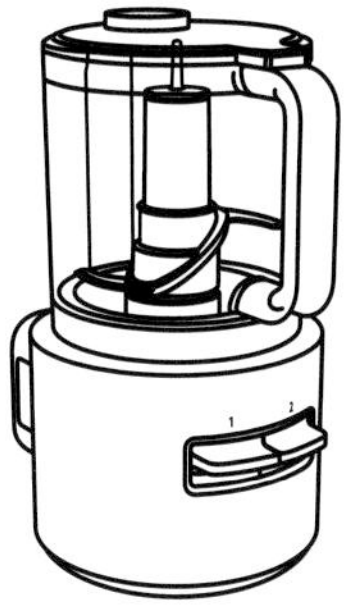

HACHOIR SANS FIL

Le hachoir sans fil KitchenAid, très pratique, est idéal pour les petites tâches quotidiennes en cuisine. Il mélange, réduit en purée et fouette, où que vous soyez. D'une simple pression, la lame polyvalente en acier inoxydable hache rapidement les fruits, les légumes, les légumineuses bouillies ou les noix, ou émince les herbes fraîches et l'ail. Les sauces et les purées deviennent un jeu d'enfant. Il suffit d'ajouter des fruits ou des légumes cuits pour obtenir une texture lisse et onctueuse.

MIXEUR PLONGEANT SANS FIL

Le mixeur plongeant, également appelé bras mixeur ou blender à main, est l'un des appareils de cuisine les plus utiles. Avec cette version sans fil, plus besoin de se soucier des prises de courant, des espaces restreints ou des cordons électriques. Compact et léger, il est aussi puissant qu'un mixeur avec fil.

LES GRANDS PRINCIPES DE L'ALIMENTATION

LES BASES DE L'ÉQUILIBRE ALIMENTAIRE

L'équilibre alimentaire repose sur la consommation adéquate des principaux nutriments nécessaires au bon fonctionnement de l'organisme. Mais il est parfois difficile de faire les bons choix alimentaires : entre toutes les informations contradictoires et les derniers régimes à la mode, il devient essentiel de revenir aux bases de l'équilibre alimentaire pour prendre soin de sa santé et de son bien-être. Une alimentation équilibrée, c'est celle qui allie plaisir et santé.

LES PRINCIPALES BASES DU RÉÉQUILIBRAGE ALIMENTAIRE

Faire 3 repas principaux par jour avec 1 collation : la répartition de l'alimentation en trois repas équilibrés par jour, à savoir le petit déjeuner, le déjeuner et le dîner, permet de maintenir un métabolisme régulier et d'éviter les fringales. Des collations saines, dont une surtout dans l'après-midi, peuvent être consommées entre les repas, si nécessaire, pour éviter les baisses d'énergie et maintenir la satiété.

Avoir assez de protéines : environ 10 à 15 % de votre AET (Apport Énergétique Total). Les protéines sont des macronutriments essentiels constitués d'acides aminés, les éléments de base nécessaires à la croissance, à la réparation et au maintien des tissus corporels. Elles jouent un rôle crucial dans la formation des muscles, des os, des enzymes et des hormones. On en trouve dans les aliments d'origine animale et végétale : les œufs, les céréales complètes, les produits laitiers, les légumes secs, la viande, le poisson, les oléagineux…

Choisir les bons glucides : 45 à 50 % de glucides par jour. Les glucides sont la principale source d'énergie pour le corps. Ils se présentent sous différentes formes : les glucides simples (comme le glucose et le fructose présents dans les fruits et le miel) et les glucides complexes (comme l'amidon trouvé dans les céréales, les légumes féculents et les légumineuses). On privilégie les sources de glucides riches en fibres et qui possèdent un index glycémique modéré à bas (céréales complètes, légumineuses, graines et noix, légumes et fruits…), pour une libération d'énergie plus durable, une glycémie plus stable et moins de sensation de faim.

Privilégier les graisses saines à chaque repas : 30 à 35 % de lipides dans la journée. Ils sont une autre source d'énergie essentielle pour l'organisme. Ils jouent un rôle crucial dans l'absorption des vitamines liposolubles (comme les vitamines

A, D, E et K), la formation des membranes cellulaires et la régulation des processus inflammatoires. Il est important de privilégier les graisses insaturées, telles que celles présentes dans les huiles végétales (huile d'olive, colza, lin, noix...), les avocats, les oléagineux (noix, amandes...), les graines, les poissons gras, bonnes pour le cœur et la santé globale ; tout en limitant la consommation de graisses saturées (viande grasse, charcuterie, viennoiseries...) et de gras trans (aliments transformés, friture...), qui peuvent augmenter le risque de maladies cardiovasculaires.

Rester hydraté tout au long de la journée : l'hydratation est cruciale pour maintenir un bon fonctionnement de l'organisme et pour soutenir de nombreuses fonctions physiologiques essentielles, telles que la régulation de la température corporelle, l'élimination des déchets, le transport des nutriments, le fonctionnement optimal des organes, etc. Pour maintenir une bonne hydratation, il est recommandé de boire suffisamment d'eau tout au long de la journée, entre 1,5 et 2 litres par jour en moyenne, mais il faut savoir que les besoins en eau varient d'une personne à l'autre en fonction de facteurs tels que l'âge, le poids, le niveau d'activité physique, le climat et l'état de santé.

UNE ASSIETTE ÉQUILIBRÉE

Une assiette saine et nutritive se compose d'une variété d'aliments qui fournissent les nutriments essentiels dont notre corps a besoin pour fonctionner de manière optimale :

- la moitié de votre assiette se compose de légumes colorés et variés, de saison, et de préférence d'agriculture biologique ou raisonnée. Les légumes, riches en fibres, vitamines et minéraux, constituent la base d'une alimentation saine. Ils offrent une multitude de bienfaits pour la santé.

- un quart de l'assiette se compose d'une portion modérée de protéines maigres. Cela peut inclure des légumineuses, des œufs, du poisson, du poulet...

- une portion d'environ un quart de l'assiette (plus ou moins selon l'activité et le métabolisme de chacun) se compose de glucides complexes. Les apports glucidiques sains se trouvent dans les céréales complètes comme le riz brun, le quinoa, l'avoine ; dans les légumineuses comme les lentilles, les pois chiches, ainsi que dans les légumes féculents comme les patates douces...

- une petite quantité de graisses saines comme une cuillerée d'huile végétale de qualité pour assaisonner le plat, des graines ou des noix pour compléter l'assiette équilibrée.

L'IMPORTANCE DE LA MODÉRATION ET DU PLAISIR

L'équilibre alimentaire ne signifie pas la privation : il est tout à fait acceptable de faire des repas plus copieux de temps en temps avec des aliments moins nutritifs, tant que cela reste occasionnel et dans le cadre d'une alimentation majoritairement équilibrée. Il est important aussi de manger en conscience, d'apprécier chaque bouchée en vous concentrant sur les saveurs et les textures, et en étant à l'écoute de vos signaux de faim et de satiété. Faire des choix conscients et qualitatifs est essentiel pour nourrir votre corps et votre esprit, en revenant aux bases de l'équilibre alimentaire naturel.

LES MEILLEURS ALIMENTS SANTÉ

Pour une santé optimale et un bien-être durable, il est essentiel d'intégrer dans votre quotidien certains « trésors de bienfaits » que la nature nous offre : en complément d'un équilibre alimentaire, ces super-aliments viennent booster votre vitalité et votre santé, grâce à leur richesse en nutriments essentiels !

Voici quelques-uns des meilleurs super-aliments à intégrer dans votre quotidien pour vous aider à booster votre santé :

- Les baies : açaï, cassis, framboise, goji, canneberge, groseille, myrtille, mûre... Elles sont de véritables bombes nutritionnelles. Riches en antioxydants, en fibres et en vitamines, les baies aident à protéger nos cellules contre les dommages des radicaux libres, soutiennent la santé cardiaque et améliorent la fonction cérébrale. Ajoutez-les à vos smoothies, céréales ou yaourts pour une explosion de saveurs et de bienfaits.

- Les légumes-feuilles : épinard, chou frisé, roquette, cresson, chou vert... Ils regorgent de vitamines, de minéraux et de phytonutriments bénéfiques pour la santé des os, la fonction immunitaire et la santé oculaire. Intégrez-les dans vos salades, currys, smoothies pour une dose de vitalité !

- Les épices : cannelle, curcuma, curry, gingembre, poivre noir, coriandre... Elles ont de nombreux bienfaits, sont riches en antioxydants et en composés bénéfiques pour la santé. Certaines aident à réduire le cholestérol, à soulager les troubles digestifs et à favoriser la santé cardiaque.

- Les graines : en particulier les graines de chia, de lin, de chanvre. Elles sont riches en oméga-3, en fibres et en protéines, ce qui en fait un super-aliment parfait pour soutenir la santé cardiaque, la digestion et la satiété. Elles peuvent être ajoutées à tous vos plats, salades, yaourts, desserts... pour un concentré de nutriments santé.

- Les champignons : ils regorgent de vitamines B, de minéraux comme le sélénium et le potassium, et d'antioxydants. Ils aident à renforcer votre système immunitaire, à protéger votre cœur, à réguler votre glycémie, et favorisent une bonne santé osseuse.

- L'avocat : les avocats sont une excellente source de graisses saines, de fibres et de vitamines, en particulier la vitamine E, qui favorise la santé de la peau et des cheveux. Ajoutez-les à vos tartines, salades ou smoothies pour un supplément nutritionnel.

LES ALTERNATIVES AU SUCRE BLANC

Lorsqu'il est consommé en excès, le sucre blanc présente des inconvénients pour la santé. Voici quelques choix plus sains pour remplacer le sucre blanc dans votre alimentation.

Le sirop d'érable : il contient des antioxydants et des minéraux tels que le manganèse et le zinc.

Le miel : il offre des propriétés anti-bactériennes et antioxydantes. Choisissez du miel de qualité, brut et non pasteurisé afin de conserver ses bienfaits pour la santé.

Le sirop d'agave : il a un indice glycémique plus bas que le sucre blanc, avec un pouvoir sucrant supérieur, ce qui signifie que vous pouvez l'utiliser en moindre quantité.

Le sucre non raffiné : le sucre de canne brut, le sucre complet, etc., conservent une partie des nutriments présents naturellement dans la canne à sucre. Ils ont un indice glycémique légèrement inférieur à celui du sucre blanc.

La purée de datte : les dattes sont une source naturelle de sucre, riche en fibres, en antioxydants et en minéraux.

Les épices et extraits naturels : des épices comme la cannelle, la vanille ou la cardamome, ainsi que des extraits naturels comme l'extrait de fleur d'oranger ou d'amande peuvent être utilisés pour ajouter de la douceur aux aliments sans ajouter de sucre.

Le sucre de coco : fabriqué à partir de la sève des fleurs de cocotier, le sucre de coco est un substitut naturel du sucre blanc. Il a un indice glycémique plus bas et est riche en minéraux tels que le potassium, le fer et le zinc.

COMMENT ÉVITER LE GRIGNOTAGE ET LES PULSIONS SUCRÉES ?

Il est parfois difficile de résister aux tentations du grignotage et des envies sucrées, cela peut être dû à un moment de stress, à un besoin de compenser, à un épisode de fatigue, ou encore à cause d'une alimentation déséquilibrée.

- Intégrez des collations saines et rassasiantes, dans l'après-midi par exemple : elles vous apporteront de l'énergie durable. Des fruits frais avec une poignée d'oléagineux, du chocolat noir, un smoothie à base de fruits, de légumes et de lait végétal, un yaourt nature avec une touche de miel et des fruits frais, ou une tranche de pain complet avec de la purée d'amande.

- Évitez de consommer des produits sucrés et gras comme des sucreries, viennoiseries, biscuits industriels, qui vont élever votre glycémie et provoquer une fringale très peu de temps après.

- Équilibrez vos repas principaux : il est important de manger assez et de façon équilibrée, pour réguler vos apports énergétiques sur la journée. Assurez-vous d'inclure une source de protéines maigres, des glucides complexes et des graisses saines dans chaque repas pour maintenir votre satiété et éviter les pics de glycémie.

- Prenez plaisir à manger : même si vos repas sont simples, il est important de déguster des plats sains qui vous plaisent. Être satisfait de ce que l'on mange est essentiel pour ne pas se sentir frustré et ainsi avoir un besoin de compenser.

- Buvez de l'eau : parfois, la soif peut être confondue avec la faim ou les envies de sucre. Assurez-vous de rester hydraté en buvant suffisamment d'eau tout au long de la journée.

- Gérez votre stress : essayez des techniques de gestion du stress telles que la méditation, la respiration profonde, le yoga ou la marche en plein air. Le stress est souvent responsable de pulsions sucrées.

- Dormez bien : le manque de sommeil peut augmenter les envies de sucre et perturber les hormones de la faim et de la satiété. Essayez de maintenir une routine de sommeil régulière et de vous assurer de dormir suffisamment chaque nuit.

- Faites de l'exercice régulièrement : l'exercice physique régulier aide à réduire le stress, à améliorer l'humeur et à réguler les niveaux d'énergie, ce qui peut réduire les envies de sucre.

PRENDRE SOIN DE SOI, BIEN MANGER, MAIS PAS SEULEMENT

Vivre une vie équilibrée dans notre société moderne, où les exigences de la vie quotidienne sont importantes, n'est pas chose facile. Bien plus qu'une simple question d'alimentation, c'est une prise en charge holistique du bien-être physique, mental et émotionnel qui doit être la priorité.

- **L'équilibre physique :** une vie équilibrée commence par une attention particulière sur la santé physique. Cela implique de nourrir son corps avec des aliments sains et nutritifs, mais aussi de prendre plaisir à pratiquer une activité physique. Trouver une forme d'exercice que vous aimez, que ce soit la danse, la marche, le yoga, la natation ou l'escalade, vous permet de maintenir votre santé et votre énergie.

- **L'équilibre mental :** prendre soin de votre bien-être mental est tout aussi important que prendre soin de votre corps. Cela peut passer par une routine quotidienne : de la méditation, de l'écriture, cultiver des affirmations positives, lire des ouvrages de développement personnel, ou prendre le temps de vous engager dans des activités créatives qui vous apportent de la joie et de l'épanouissement.

- **L'équilibre émotionnel :** une vie équilibrée permet une connexion avec ses émotions et avec la nature, et ainsi de cultiver des sentiments de joie, de gratitude, d'émerveillement, tout en ne reniant pas les sentiments de tristesse, de colère ou de peur, sans les juger ni les réprimer. Apprendre à prendre soin de ses besoins émotionnels en développant des relations saines et nourrissantes est essentiel pour un profond sentiment de paix.

En prenant soin de vous de manière holistique, vous créez les conditions optimales pour une vie riche de sens, de santé et de bonheur.

HIVER

BOWL MATCHA, NOIX DE COCO, BANANE ET MANGUE

La noix de coco apporte des acides gras sains et des fibres favorisant la santé cardiaque et la digestion. Le matcha est chargé d'antioxydants, aidant à combattre les radicaux libres et à soutenir la santé globale ; la mangue est une excellente source de vitamine C, essentielle pour renforcer le système immunitaire ; les amandes fournissent des bonnes graisses et des minéraux comme le magnésium et le calcium pour la santé des os et des muscles ; les dattes sont naturellement sucrées et riches en fibres, ce qui les rend idéales pour maintenir une glycémie stable et favoriser la satiété. Enfin, les bananes offrent une bonne dose de potassium pour la fonction nerveuse et musculaire !

Ouvrez la noix de coco fraîche, versez l'eau dans la cuve du blender. Récupérez la chair à l'aide d'une cuillère. Si nécessaire, utilisez un économe pour retirer la peau marron. Ajoutez-la également.

Ajoutez le jus de citron vert, le yaourt de coco, les pousses d'épinard, les bananes, la poudre de matcha, les dattes, la mangue et les amandes dans le bol du blender.

Mixez pendant 1 min à la vitesse 5 jusqu'à ce que le smoothie soit velouté et qu'il n'y ait plus de morceaux.

Servez dans un bol et ajoutez les garnitures suivantes : fleurs fraîches comestibles, flocons de noix coco, granola, rondelles de kiwi, baies fraîches, graines de grenade, baies de goji…

1 noix de coco fraîche

Le jus de 1 citron vert

200 g de yaourt de coco

1 poignée de pousses d'épinard fraîches

2 bananes congelées

1 c. à s. de matcha en poudre

4 dattes dénoyautées

100 g de mangue congelée

10 amandes

Garniture au choix : fleurs fraîches comestibles, flocons de noix de coco, granola, etc.

Pour
2 personnes

Préparation :
10 min

PORRIDGE POMME CANNELLE

Idéal pour un petit déjeuner équilibré, riche en fibres, en vitamines et minéraux essentiels, ainsi qu'en antioxydants ; et surtout un petit déjeuner à faible index glycémique qui permet de maintenir l'énergie tout au long de la matinée et de favoriser la satiété ! En effet, l'avoine est riche en fibres solubles, ce qui favorise la digestion, régule la glycémie et aide à réduire le cholestérol. La pomme est une excellente source de fibres, dont la pectine, et de vitamine C. La cannelle est une super épice antioxydante et anti-inflammatoire contribuant à la régulation de la glycémie.

LAIT D'AVOINE

150 g de flocons d'avoine

1 l d'eau bien froide

POMMES FONDANTES

2 pommes

1 c. à c. de sucre de coco

1 pincée de cannelle

1 c. à s. d'eau

PORRIDGE

40 g de flocons d'avoine

120 ml de lait d'avoine

1 c. à s. de sirop d'agave

1 goutte d'extrait de vanille

Préparez le lait d'avoine : mettez les flocons d'avoine et l'eau bien froide dans la cuve du blender et mixez à la vitesse 4 pendant 1 min. Filtrez le liquide obtenu à travers un tissu. Réservez le lait au réfrigérateur.

Préparez les pommes : épluchez-les, puis détaillez-les en cubes à l'aide du robot ménager muni du disque et de la lame à découper en dés, à la vitesse 6. Mettez-les dans une petite casserole, ajoutez le sucre de coco et la cannelle ainsi que l'eau. Couvrez et faites cuire à feu doux pendant 10 min en mélangeant régulièrement.

Préparez le porridge : mettez les flocons d'avoine, le lait d'avoine, le sirop d'agave et l'extrait de vanille dans une casserole. Laissez reposer 20 min. Faites chauffer sur feu moyen en mélangeant jusqu'à ce que la préparation épaississe.

Servez le porridge avec les pommes fondantes.

CONSEIL

Le lait d'avoine maison se conserve 1 semaine au frais.

Pour
2 personnes

Préparation :
20 min

Cuisson :
15 min

SMOOTHIE AVOINE ET POIRE

Un smoothie idéal pour une collation nutritive : grâce à ses ingrédients, il offre une combinaison riche en fibres, protéines, calcium, vitamines et minéraux. Il favorise la santé digestive, renforce les os et les muscles, tout en étant hydratant et rafraîchissant.

Épluchez la poire, puis détaillez-la en petits morceaux.

Mettez le lait d'avoine, le yaourt, la cannelle, le sirop d'érable, la poire mûre et les glaçons dans le blender et mixez pendant 20 s à la vitesse 4. Servez immédiatement.

1 poire bien mûre et juteuse
125 ml de lait d'avoine
125 ml de yaourt à la grecque
½ c. à c. de cannelle
1,5 c. à s. de sirop d'érable
125 g de glaçons

Pour
2 personnes

Préparation :
5 min

SALADE DE BETTERAVE, RADIS NOIR ET AMANDES GRILLÉES

Une salade détox et protéinée ! Le radis noir est riche en fibres et en vitamines, favorisant la digestion et la santé immunitaire. Les amandes fournissent des protéines, des graisses saines et des antioxydants, bénéfiques pour le cœur et le cerveau. La betterave est une source de nutriments essentiels comme le fer, le folate et les nitrates, soutenant la santé cardiovasculaire. La vinaigrette au miso apporte des probiotiques et des enzymes, favorisant une flore intestinale saine ; associée à l'huile d'olive, qui l'enrichit de ses bons acides gras et polyphénols, elle aide à réduire l'inflammation et à protéger le cœur.

2 œufs
50 g d'amandes
1 radis noir
2 betteraves rouges cuites
100 g de mâche

VINAIGRETTE AU MISO
1 c. à c. de miso brun
3 c. à s. d'huile d'olive
1 c. à c. de moutarde
Sel, poivre

Mettez les œufs dans une casserole d'eau froide. Portez à ébullition, puis comptez 10 min de cuisson. À la fin de la cuisson, faites-les refroidir dans un bol d'eau froide, puis écalez-les. Mettez les amandes dans une poêle, et faites-les griller à feu vif pendant 5 min en mélangeant. Laissez refroidir.

Épluchez le radis noir. Installez le disque à trancher réglable sur le robot ménager et réglez sur la plus fine épaisseur. Tranchez le radis noir en fines rondelles, puis procédez de même pour les betteraves rouges cuites.

Remplacez le disque à trancher par le disque à râper réversible, côté moyen. Râpez les œufs durs. Hachez grossièrement les amandes à l'aide d'un couteau.

Dans un bol, mélangez les ingrédients de la vinaigrette au miso.

Dans un grand plat, mettez la mâche, puis déposez dessus alternativement des rondelles de radis noir et de betterave. Répartissez les œufs râpés et les amandes hachées. Arrosez de vinaigrette et servez.

Pour
4 personnes

Préparation :
10 min

Cuisson :
15 min

SALADE DE PÂTES POULET ET CHAMPIGNONS

Un plat totalement complet et équilibré, qui offre une combinaison de protéines maigres, de glucides complexes et de légumes riches en nutriments, pour une énergie durable ! Les champignons ajoutent des vitamines, des minéraux et des antioxydants, soutenant la santé immunitaire. Les échalotes apportent des composés sulfurés bénéfiques pour la santé en contribuant à synthétiser des acides aminés essentiels.

Mettez la farine et le sel dans le bol du robot pâtissier multifonction, puis installez le crochet. Mélangez quelques secondes à la vitesse 1, puis versez les œufs battus. Continuez à la vitesse 1 pendant environ 30 s, puis passez à la vitesse 2 pendant environ 1 min supplémentaire jusqu'à l'obtention d'une boule. Emballez la pâte dans du film alimentaire, puis laissez reposer la pâte au réfrigérateur pendant environ 20 min.

Installez la presse à pâtes munie de la grille à fusilli sur le robot. Mettez en marche à la vitesse 4 et formez des pâtes de 3 ou 4 cm environ. Saupoudrez-les de semoule de blé fine pour éviter qu'elles ne collent. Laissez reposer les pâtes 15 min avant la cuisson.

Portez à ébullition une grande casserole d'eau salée. Plongez-y les pâtes et faites-les cuire 3 ou 4 min. Égouttez-les, puis laissez-les tiédir.

Détaillez le poulet en aiguillettes. Nettoyez les champignons et détaillez-les en lamelles. Pelez les échalotes et ciselez-les. Faites chauffer 1 c. à s. d'huile d'olive dans une grande poêle. Faites-y revenir les aiguillettes de poulet jusqu'à ce qu'elles soient bien dorées. Débarrassez-les et laissez-les refroidir. Versez la seconde cuillerée d'huile dans la poêle et faites-y revenir les échalotes pendant 5 min en mélangeant. Ajoutez les champignons et faites-les cuire à feu vif pour qu'ils soient dorés.

Mettez le fromage blanc, la moitié des champignons cuits, la moutarde, du sel, du poivre dans la cuve du robot ménager et mixez pour obtenir une sauce onctueuse. Lavez le persil, équeutez-le, puis ciselez-le.

Dans un grand plat, mettez les pousses d'épinard, ajoutez les pâtes, les aiguillettes de poulet et les champignons. Arrosez de sauce crémeuse et terminez par le persil et les graines de tournesol.

PÂTES

200 g de farine

1 pincée de sel

100 g d'œufs (2 œufs)

Semoule de blé fine

GARNITURE

400 g de blancs de poulet

400 g de champignons de Paris

2 échalotes

100 g de pousses d'épinard

2 c. à s. d'huile d'olive

100 g de fromage blanc

1 c. à c. de moutarde

Quelques brins de persil

1 c. à s. de graines de tournesol

Sel, poivre

Pour
4 personnes

Préparation :
30 min

Cuisson :
15 min

Repos :
20 min

PIZZA HIVERNALE

La farine d'épeautre est une farine de qualité, riche en protéines, en fibres et en nutriments comme le magnésium et le zinc.
Le potimarron est une excellente source de vitamines A et C, ainsi que de fibres, favorisant la santé de la peau, des yeux et du système immunitaire. Les champignons fournissent des protéines végétales, des vitamines B et des minéraux tels que le potassium et le sélénium, bénéfiques pour la fonction cognitive. Le parmesan apporte du calcium et des protéines, essentiels pour la santé des os et des muscles.

Mettez les farines, l'huile, le sel, le sucre, la levure et l'eau dans le bol du robot pâtissier multifonction. Installez le crochet pétrisseur et mélangez à la vitesse 1. Lorsqu'une boule commence à se former, passez à la vitesse 2 et pétrissez pendant 5 ou 6 min.

Posez un torchon sur le bol et laissez pousser pendant 1h dans un endroit tiède.

Coupez le potimarron. Détaillez quelques tranches pour le dressage, et coupez le reste en petits cubes et faites-les cuire à la vapeur pendant 10 min. Égouttez-les, puis mettez-les dans la cuve du robot ménager muni de la lame polyvalente. Ajoutez le fromage blanc, la moutarde, salez et poivrez, puis mixez pour obtenir une préparation crémeuse.

Préchauffez le four à 220 °C.

Pelez l'oignon rouge et nettoyez les champignons. Installez le disque à trancher réglable sur le robot ménager et réglez sur la plus fine épaisseur. Tranchez l'oignon et les champignons.

Étalez la pâte à pizza sur une feuille de papier cuisson. Répartissez dessus la crème de potimarron, les rondelles d'oignon et de champignons ainsi que les tranches de potimarron réservées. Saupoudrez de noisettes concassées et enfournez pour 10 à 12 min de cuisson. À la sortie du four, répartissez les copeaux de parmesan, donnez un tour de moulin 5 baies puis dégustez bien chaud.

PÂTE À PIZZA

100 g de farine d'épeautre
150 g de farine T65
1 c. à s. d'huile d'olive
1 c. à c. de sel
1 c. à c. de sucre
5 g de levure de boulanger sèche
150 ml d'eau

GARNITURE

200 g de potimarron
2 c. à s. de fromage blanc
1 c. à s. de moutarde forte
1 oignon rouge
200 g de champignons
100 g de copeaux de parmesan
50 g de noisettes
Sel, poivre
Mélange 5 baies

Pour
4 personnes

Préparation :
15 min

Cuisson :
20 min

Repos :
1 h

FLAN SAUMON POIREAUX

Un flan nutritif, riche en protéines, en vitamines et en minéraux ! Les poireaux ont une bonne teneur en fibres, en vitamines et en minéraux, pour un bon transit intestinal. Les œufs sont une excellente source de protéines de haute qualité, essentielles pour la construction musculaire et la satiété. Le fromage blanc ajoute aussi des protéines, du calcium et des probiotiques, soutenant la santé des os et de la flore intestinale. Le saumon est riche en acides gras oméga-3, bénéfiques pour la santé cardiaque et cognitive.

4 poireaux
200 g de fromage blanc de brebis
2 œufs
150 g de saumon fumé
5 feuilles de brick
2 c. à s. d'huile d'olive
Graines de moutarde
Sel, poivre

Épluchez les poireaux, puis coupez-les en tronçons de 2 cm. Mettez-les dans une poêle, ajoutez 2 c. à s. d'eau, couvrez et faites cuire pendant 10 min en les retournant à mi-cuisson et en ajoutant un peu d'eau si nécessaire.

Préchauffez le four à 180 °C.

Mettez le fromage blanc et les œufs dans la cuve du robot pâtissier multifonction muni du fouet à fils. Salez et poivrez, puis mélangez à la vitesse 1 pendant 1 min.

Coupez le saumon fumé en petits morceaux.

Badigeonnez les feuilles de brick une par une d'huile d'olive. Disposez-les dans un moule à tarte en les plissant joliment et en laissant dépasser les bords. Déposez dessus les tronçons de poireaux et le saumon fumé. Couvrez du mélange aux œufs. Saupoudrez de graines de moutarde et enfournez pour 30 min de cuisson. Servez le flan bien chaud.

VARIANTE

Vous pouvez ajouter 2 carottes râpées avant de couvrir du mélange aux œufs si vous le souhaitez.

Pour
4 personnes

Préparation :
10 min

Cuisson :
40 min

BURGERS DE POULET

Un burger riche en protéines, en fibres et en nutriments essentiels, idéal pour allier plaisir et équilibre! La farine complète est riche en fibres, ce qui favorise la digestion et aide à réguler la glycémie. Le steak de poulet est une source de protéines maigres, essentielles pour la construction musculaire et la satiété. Le skyr est un produit laitier avec une bonne teneur en protéines et en calcium, bénéfique pour la santé des os et des muscles. Les cornichons sont source de probiotiques, favorisant la santé intestinale.

Préparez les pains : dans la cuve du robot pâtissier multifonction muni du crochet, mettez la farine, le sel, le sucre et la levure émiettée. Faites tourner le robot à la vitesse 2, versez l'eau et le lait tièdes. Ajoutez l'œuf battu et le beurre mou. Pétrissez pendant 5 min, puis passez à la vitesse 4 et laissez tourner environ 5 min. Recouvrez la cuve d'un torchon et laissez pousser pendant 1h à température ambiante.

Aplatissez la pâte pour la « dégazer ». Séparez-la en 4 pâtons de même poids. Farinez légèrement le plan de travail. Aplatissez les pâtons avec la paume de la main, rabattez les extrémités vers le centre à plusieurs reprises, puis retournez et boulez la pâte. Déposez-les sur une plaque recouverte de papier cuisson. Dorez les pains au pinceau avec de l'œuf battu. Recouvrez d'un torchon, puis laissez pousser pendant 1h dans un endroit tiède.

Préchauffez le four à 200 °C. Dorez à nouveau les pains et saupoudrez-les de graines de sésame. Enfournez et laissez cuire pendant 10 à 12 min environ. Glissez les pains sur une grille pour qu'ils refroidissent.

Préparez les steaks : épluchez l'échalote et effeuillez le persil. Coupez les blancs de poulet en morceaux et hachez le tout avec la grille moyenne du hachoir à viande à la vitesse 4. Transvasez le mélange dans la cuve du robot, ajoutez l'œuf, la chapelure et salez. Mélangez à l'aide du batteur à pâtisserie à la vitesse 1 pendant 1 min. Coupez 4 petits carrés de papier cuisson. Déposez un emporte-pièce de 8 cm de diamètre sur un des carrés et répartissez-y un quart de la préparation en tassant bien à l'aide d'une cuillère. Recommencez trois autres fois. Faites chauffer une poêle avec l'huile d'olive et faites dorer les steaks 5 ou 6 min de chaque côté environ.

Mettez tous les ingrédients de la sauce dans le bol mélangeur du blender. Mixez à la vitesse 2 pendant 30 s.

Garnissez les pains à burger de salade verte, de lamelles de carottes, des steaks de poulet et de sauce.

PAINS À BURGER

250 g de farine complète
5 g de sel
10 g de sucre
12 g de levure de boulanger fraîche
100 ml d'eau tiède
40 ml de lait tiède
1 œuf battu + 1 œuf pour la dorure
15 g de beurre mou
Graines de sésame

STEAKS DE POULET

400 g de blancs de poulet
1 échalote
Quelques brins de persil
1 œuf
30 g de chapelure
1 c. à s. d'huile d'olive
Sel

SAUCE

200 g de skyr
1 c. à c. de moutarde forte
6 cornichons
Quelques câpres
Quelques brins d'estragon
Sel, poivre

GARNITURE

Quelques lamelles de carotte
Quelques feuilles de salade

Pour
4 personnes

Préparation :
20 min

Cuisson :
20 min

Repos :
2 h

GAUFRES À L'ÉPINARD
ET ŒUF AU PLAT

Les pousses d'épinard sont une excellente source de vitamines, de minéraux et d'antioxydants, favorisant la santé des os, de la peau et du système immunitaire. L'ail est connu pour ses propriétés anti-bactériennes et anti-inflammatoires, bénéfiques pour la santé cardiaque et immunitaire. La base des gaufres, sans lactose et composée de flocons d'avoine, ajoutent des fibres solubles, favorisant une bonne santé intestinale. La sauce est riche en protéines et en calcium, soutenant la santé musculaire et osseuse, avec un faible apport en graisses.

Pelez la gousse d'ail. Mettez les flocons d'avoine, les œufs, le lait de riz, la gousse d'ail, le cumin, le sel et le poivre dans la cuve du blender et mixez à la vitesse 2 pendant 1 min. Ajoutez les pousses d'épinard et mixez 30 s à la vitesse 2.

Faites chauffer le gaufrier. À l'aide du bec verseur du blender, versez une petite quantité de préparation et faites cuire les gaufres jusqu'à ce qu'elles aient une jolie coloration.

Pendant ce temps, mettez tous les ingrédients de la sauce dans le bol mélangeur du blender. Mixez à la vitesse 1 pendant 30 s.

Servez les gaufres avec un œuf au plat et la sauce crémeuse.

4 œufs

GAUFRES

150 g de pousses d'épinard

1 gousse d'ail

100 g de flocons d'avoine

3 œufs

100 ml de lait de riz

½ c. à c. de cumin en poudre

Sel, poivre

SAUCE

4 c. à s. de skyr

2 c. à s. de fromage de chèvre frais

Le jus de 1 citron

½ c. à c. de moutarde

3 brins d'aneth

Sel, poivre

Pour
4 personnes
(8 gaufres)

Préparation :
5 min

Cuisson :
10 min

SOUPE DE LÉGUMES AUX LENTILLES

Une soupe riche en nutriments essentiels, avec les lentilles corail qui offrent des protéines végétales, des fibres et des vitamines B, favorisant la satiété et la santé digestive. Les oignons apportent des antioxydants et des composés anti-inflammatoires. La patate douce est une source de vitamines A et C, essentielles pour la santé de la peau et du système immunitaire. Les carottes fournissent des fibres et des bêta-carotènes pour la santé des yeux.

Épluchez les oignons, la patate douce, les carottes et le navet. Fixez le disque à découper en dés sur le robot ménager et sélectionnez la vitesse 1. Passez les oignons, la patate douce, les carottes et le navet dans le goulot pour les couper en dés.

Dans une cocotte, faites chauffer l'huile d'olive à feu moyen et ajoutez les légumes en dés, puis faites-les rissoler pendant 5 min.

Pelez les gousses d'ail et coupez le citron confit en petits morceaux, puis ajoutez-les. Ajoutez également les épices, les tomates en conserve, le bouillon de légumes et les lentilles. Placez le couvercle sur la marmite et laissez mijoter pendant 30 min. Servez avec un peu de coriandre fraîche.

2 oignons

400 g de patate douce

250 g de carottes

1 navet

1 c. à s. d'huile d'olive

2 gousses d'ail

1 citron confit

1 c. à c. de coriandre moulue

1 c. à c. de cumin moulu

400 g de tomates en conserve

1 l de bouillon de légumes

200 g lentilles corail

Quelques brins de coriandre fraîche

Pour
6 personnes

Préparation :
15 min

Cuisson :
30 min

GALETTES COURGE, MAÏS ET FROMAGE DE CHÈVRE

La courge est riche en vitamines A et C et en fibres, favorisant la santé de la peau et du système immunitaire, ainsi que la digestion. Le maïs est une source de fibres, de vitamines et de minéraux, y compris la vitamine B et le magnésium. Le fromage de chèvre apporte des protéines de haute qualité, du calcium et des graisses saines, essentiels pour la santé des os et des muscles.

Épluchez la courge, l'oignon et la gousse d'ail. Installez la râpe à cylindre sur le robot pâtissier multifonction. Râpez la courge, l'oignon et l'ail.

Mettez-les dans la cuve du robot pâtissier muni du batteur à pâtisserie. Ajoutez le maïs égoutté, la fécule de maïs, les œufs, la noix de muscade, le chèvre sec émietté, du sel et du poivre. Mélangez 1 min à la vitesse 1.

Faites chauffer l'huile d'olive dans une grande poêle. Formez des tas de 8 à 10 cm de diamètre environ en tassant bien avec le dos d'une spatule. Couvrez d'un grand couvercle et faites cuire 10 min à feu moyen. Retournez délicatement, et poursuivez la cuisson 7 à 8 min de l'autre côté.

Servez les galettes avec une sauce au yaourt et au citron, accompagnées d'une salade verte.

400 g de courge
1 oignon
1 gousse d'ail
1 boîte de maïs de 140 g
1 c. à s. de fécule de maïs
2 œufs
1 pincée de noix de muscade en poudre
1 petit crottin de chèvre sec
1 c. à s. d'huile d'olive
Sel, poivre

Pour
4 personnes

Préparation :
10 min

Cuisson :
20 min

PARMENTIER DE POISSON

Le haddock et le cabillaud sont riches en protéines maigres et en acides gras oméga-3, bénéfiques pour la santé cardiaque et cognitive. Les noisettes sont une source de bons acides gras, de fibres et de vitamines, soutenant la santé du cœur et de la peau. Les patates douces et les carottes sont riches en vitamines, en particulier en vitamine A, idéale pour une bonne vision et une bonne immunité !

Épluchez les carottes, les patates douces et les échalotes. Détaillez les carottes et les patates douces en rondelles. Hachez finement les échalotes. Mettez-le tout dans une grande casserole, couvrez d'eau à hauteur, salez et portez à ébullition. Faites cuire pendant 25 min. Les légumes doivent être bien cuits. Égouttez-les, transférez-les dans la cuve du robot pâtissier multifonction muni du batteur à pâtisserie. Mélangez à la vitesse 1 pendant 2 min pour obtenir un écrasé, tout en conservant certains morceaux. Ajoutez la crème de soja, la noix de muscade et du sel.

Préchauffez le four à 180 °C. Détaillez le cabillaud en gros cubes. Portez à ébullition une casserole d'eau salée et ajoutez-y les herbes de Provence. Plongez-y le poisson et faites-le cuire pendant 3 min. Égouttez-le bien. Détaillez le haddock fumé en petits morceaux, déposez-le au fond d'un plat à gratin. Ajoutez le cabillaud et mélangez grossièrement. Recouvrez de purée et lissez la surface.

Mettez les noisettes dans le hachoir sans fil et réduisez-les en poudre. Répartissez cette poudre sur la purée. Enfournez pour 25 min de cuisson. Dégustez bien chaud, saupoudré d'un mélange de graines.

500 g de carottes
500 g de patates douces
3 échalotes
200 ml de crème de soja
½ c. à c. de noix de muscade moulue
500 g de dos de cabillaud
1 c. à c. d'herbes de Provence
200 g de haddock fumé
30 g de noisettes
1 poignée d'un mélange de graines
Sel

Pour
6 personnes

Préparation :
15 min

Cuisson :
55 min

CURRY DE CREVETTES

Toutes les épices sont pleines de bénéfices pour la santé : le curcuma et le gingembre, par exemple, ont des propriétés anti-inflammatoires et antioxydantes. Les carottes et panais apportent des vitamines, minéraux et fibres pour renforcer le système immunitaire et favoriser la digestion. Les crevettes fournissent des protéines maigres et des acides gras oméga-3 pour la santé cardiaque.

Préparez la pâte de curry rouge : mettez les graines de coriandre, de cumin, de moutarde et de fenouil dans une petite poêle et faites chauffer à feu vif afin de les torréfier et réveiller leurs saveurs. Faites chauffer pendant 7 ou 8 min en remuant. Laissez refroidir.

Mettez les graines dans le bol mélangeur du blender. Mixez à la vitesse 5 pendant 30 s. Répétez l'opération deux ou trois fois, jusqu'à obtenir une poudre fine. Épluchez le curcuma, le gingembre et les gousses d'ail. Râpez-les à l'aide d'une râpe fine et ajoutez-les. Ajoutez également le concentré de tomate, le vinaigre de cidre, l'huile de tournesol, l'eau et du sel. Mixez jusqu'à obtenir une pâte homogène. N'hésitez pas à ouvrir le bol pour racler les bords si besoin. Réservez.

Préparez la garniture : épluchez l'oignon, les carottes, le panais et les navets. Détaillez l'oignon en cubes dans le robot ménager muni du disque et de la lame à découper en dés à la vitesse 2. Procédez de même pour les légumes. Faites chauffer l'huile dans une cocotte. Ajoutez l'oignon et faites-le suer en mélangeant sur feu vif. Ajoutez les légumes, le lait de coco, l'eau, du sel et 2 c. à s. de pâte de curry. Faites cuire à petit bouillon pendant 20 min. Ajoutez alors les crevettes et prolongez la cuisson de 10 min. Saupoudrez de coriandre ciselée, puis servez avec du riz basmati ou des nouilles de riz.

PÂTE DE CURRY ROUGE

3 c. à s. de graines de coriandre

2 c. à s. de graines de cumin

1 c. à s. de graines de moutarde

1 c. à s. de graines de fenouil

5 cm de curcuma frais

5 cm de gingembre frais

2 gousses d'ail

1,5 c. à s. de concentré de tomate

1 c. à s. de vinaigre de cidre

2 c. à s. d'huile de tournesol

2 c. à s. d'eau

Sel

GARNITURE

1 oignon

3 carottes

1 panais

2 navets

1 c. à s. d'huile de colza

200 ml de lait de coco

100 ml d'eau

250 g de crevettes

Quelques branches de coriandre

Sel

CONSEIL

Pour une version plus épicée, ajoutez une pincée de flocons de piment rouge à la pâte de curry. Mettez le reste de pâte dans un petit bocal, couvrez d'huile et conservez jusqu'à dix jours au frais.

Pour
4 personnes

Préparation :
20 min

Cuisson :
40 min

BRIOCHE AUX PETITS-SUISSES

Une recette saine de brioche maison, avec un apport contrôlé en sucre. De plus, les petits-suisses ajoutent de la richesse en protéines et en calcium, favorisant la santé des os et des muscles. La levure de boulanger fraîche, en plus de faire lever la pâte, apporte des vitamines B et des minéraux.

400 g de farine T55
20 g de sucre de canne
8 g de sel
15 g de levure de boulanger fraîche
4 petits-suisses
1 œuf + 1 jaune d'œuf
100 ml de lait végétal

Dans la cuve du robot pâtissier multifonction muni du crochet, mettez la farine, le sucre, le sel d'un côté et la levure émiettée de l'autre. Ajoutez les petits-suisses et l'œuf. Faites légèrement tiédir le lait (moins de 30 °C) et ajoutez-le. Pétrissez à la vitesse 1 pendant 2 min pour bien mélanger les éléments. N'hésitez pas à racler les bords si besoin. Pétrissez ensuite pendant 6 min à la vitesse 4. Couvrez la pâte d'un torchon et laissez reposer pendant 1 h au moins dans un endroit tiède, la pâte doit doubler de volume.

Dégazez la pâte, puis séparez-la en quatre parts égales. Sur un plan de travail fariné, aplatissez-la, ramenez les bords au centre à plusieurs reprises. Retournez cette boule et façonnez-la en l'arrondissant. Recommencez avec les 3 autres morceaux de pâte. Placez-les dans un moule à cake en les espaçant régulièrement. Couvrez la pâte d'un torchon et laissez reposer pendant 1 h au moins dans un endroit tiède, la pâte doit doubler de volume.

Préchauffez le four à 180 °C. À l'aide d'un pinceau, dorez la surface de la brioche au jaune d'œuf battu. Enfournez pour 30 min de cuisson. Démoulez et laissez tiédir avant de couper des tranches.

Pour
6 personnes

Préparation :
20 min

Cuisson :
30 min

Repos :
2 h

BISCUITS CROQUANTS CLÉMENTINE ET CHOCOLAT

Des biscuits délicieux et nutritifs, idéaux pour une collation satisfaisante et équilibrée ! La purée d'amande est une source de bonnes graisses, de protéines et de fibres, favorisant la satiété. La farine de petit épeautre et les flocons d'avoine fournissent des glucides complexes et des fibres, aidant à réguler la glycémie et à maintenir l'énergie. Le sucre de coco est un sucre naturel avec un indice glycémique plus bas que le sucre blanc, ce qui peut aider à éviter les pics de glycémie. Le chocolat noir apporte une bonne teneur en antioxydants.

100 g de purée d'amande blanche

30 g de sucre de coco

1 œuf

90 g de farine de petit épeautre

30 g de flocons d'avoine

1 c. à c. rase de levure chimique

1 pincée de fleur de sel

50 g de chocolat noir

Le zeste de 1 clémentine

Préchauffez le four à 180 °C.

Mettez la purée d'amande blanche dans la cuve du robot pâtissier multifonction muni du batteur à pâtisserie. Ajoutez le sucre de coco et l'œuf, puis mélangez à la vitesse 1 pendant 1 min.

Dans un bol, mélangez la farine de petit épeautre, les flocons d'avoine, la levure et la fleur de sel. À l'aide d'un grand couteau, détaillez le chocolat noir en morceaux irréguliers.

Ajoutez le mélange de farine dans la cuve, mélangez pendant 1 min. Ajoutez enfin les morceaux de chocolat et le zeste de clémentine. Mélangez encore 30 s.

Formez des boules de la taille d'une noix et déposez-les sur une plaque recouverte de papier cuisson en les écrasant légèrement. Enfournez pour 15 min de cuisson. Laissez tiédir avant de décoller les gâteaux du papier cuisson.

Pour
6 personnes

Préparation :
10 min

Cuisson :
15 min

GÂTEAU POMME CANNELLE

Les pommes sont riches en fibres, en vitamines et en antioxydants, idéales pour la santé des intestins et du cœur ! Les noisettes ajoutent de bons acides gras insaturés, des protéines et des minéraux tels que le magnésium et le calcium. La farine semi-complète apporte des glucides complexes et des fibres, aidant à maintenir la satiété et à réguler la glycémie. Les œufs fournissent des protéines de haute qualité, essentielles pour la croissance et la réparation des tissus. Enfin, la cannelle est riche en antioxydants et aide à réguler la glycémie.

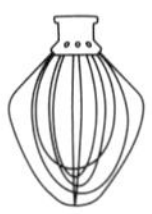

Préchauffez le four à 180 °C. Placez les noisettes sur une plaque et enfournez-les pour les torréfier pendant 15 min en mélangeant à mi-cuisson. Laissez-les refroidir, puis mixez-les en poudre dans le robot ménager.

Épluchez les pommes. Fixez le disque à découper en dés sur le robot ménager multifonction et sélectionnez la vitesse 1. Détaillez les pommes en petits cubes.

Mettez les œufs et le sucre dans la cuve du robot pâtissier multifonction muni du fouet à fils. Fouettez à la vitesse 10 pendant 6 min. Le mélange doit être mousseux et avoir doublé de volume. Baissez à la vitesse 1, puis ajoutez la farine, la levure, la poudre de noisette et la cannelle. Retirez la cuve du robot, ajoutez les dés de pommes et mélangez délicatement à l'aide d'une spatule. Huilez un moule à manqué et versez-y la pâte. Enfournez pour 30 min de cuisson. Dégustez tiède.

3 pommes
50 g de noisettes
4 œufs
80 g de sucre de coco
100 g de farine T80
10 g de levure chimique
2 c. à c. de cannelle en poudre

Pour
6 personnes

Préparation :
15 min

Cuisson :
45 min

BANANA BREAD AUX FLOCONS D'AVOINE

ET GRAINES DE COURGE

Les flocons d'avoine sont riches en fibres solubles, ce qui favorise la digestion et régule la glycémie. Les graines de courge sont une excellente source de protéines végétales, de minéraux comme le zinc et de graisses saines. Les bananes fournissent des vitamines, des minéraux et des fibres, favorisant la santé digestive et la régulation de la pression artérielle. Le sirop d'érable ajoute une douceur naturelle tout en fournissant des antioxydants et des minéraux.

3 bananes bien mûres
40 g d'huile de coco
3 œufs
3 c. à s. de sirop d'érable
1 c. à c. d'extrait de vanille liquide
100 g de flocons d'avoine
70 g de farine T80
2 c. à c. de levure chimique
2 c. à s. de graines de courge
Quelques noisettes

Préchauffez le four à 180 °C.

Épluchez les bananes, coupez-les en rondelles, puis mettez-les dans la cuve du robot pâtissier multifonction muni du batteur à pâtisserie. Mélangez à la vitesse 1 pendant 2 min pour les réduire en purée.

Faites fondre l'huile de coco si elle est solide. Ajoutez les œufs aux bananes, ainsi que le sirop d'érable, l'huile de coco fondue et l'extrait de vanille. Mélangez à la vitesse 1 pendant 2 min. Ajoutez les flocons d'avoine, la farine et la levure. Mélangez à la vitesse 1 pendant 2 min.

Huilez légèrement un moule à cake. Versez-y la préparation. Sur la surface, répartissez les graines de courge ainsi que les noisettes concassées. Enfournez pour 40 min de cuisson.

À la fin de la cuisson, démoulez le cake sur une grille et laissez-le tiédir avant de le trancher.

Vous pouvez également passer les tranches au grille-pain pour un petit déjeuner gourmand.

Pour
6 personnes

Préparation :
10 min

Cuisson :
40 min

PRINTEMPS

PUDDING DE CHIA
ET FRAISES AU LAIT D'AMANDE

Un pudding qui offre une multitude de bienfaits nutritionnels, idéal pour un dessert ou une collation saine ! Les graines de chia sont riches en fibres solubles, en acides gras oméga-3 et en protéines, favorisant la satiété, la santé cardiaque et la régulation de la glycémie. Le lait d'amande est une alternative sans lactose, riche en vitamines et minéraux comme la vitamine E et le calcium. Les fraises ont une bonne teneur en vitamine C, en fibres et en antioxydants, soutenant la santé immunitaire, la santé de la peau et aidant la réduction des inflammations.

La veille, faites tremper les amandes dans l'eau pendant au moins 8 h.

Le jour même, jetez l'eau de trempage, égouttez et rincez les amandes. Versez les amandes et l'eau minérale dans le blender. Mélangez à la vitesse 6 pendant 2 min. Placez un tamis sur un saladier. Posez une étamine sur le tamis. Versez le lait d'amande et pressez jusqu'à ce que tout le liquide soit extrait.

Mettez les graines de chia dans un saladier, couvrez de lait d'amande et mélangez. Laissez reposer pendant 4 h au réfrigérateur.

Lavez les fraises, égouttez-les, puis coupez-les en deux. Fixez la passoire à fruits et légumes sur le robot pâtissier multifonction et réglez-le sur la vitesse 4. Filtrez la moitié des fraises. Répartissez la moitié du coulis obtenu dans 4 verres. Ajoutez le pudding de chia, versez le reste du coulis et déposez sur le dessus le reste des fraises. Terminez par le zeste de citron et dégustez.

LAIT D'AMANDE

50 g d'amandes
300 ml d'eau minérale

PUDDING DE CHIA

5 c. à s. de graines de chia
350 ml de lait d'amande

COULIS DE FRAISE

100 g de fraises
Le zeste de 1 citron

CONSEIL

Si les fraises ne sont pas assez sucrées à votre goût, vous pouvez ajouter 1 c. à c. de sirop d'agave au coulis.

Pour
4 personnes

Préparation :
20 min

Repos :
12 h

SMOOTHIE VERT ÉPINARD ET KIWI

Un smoothie bon pour la santé et rafraîchissant ! Les bananes fournissent des glucides naturels pour l'énergie, ainsi que des fibres et des vitamines B6 et C. Les kiwis sont riches en vitamine C, en fibres et en antioxydants, bons pour le système immunitaire et intestinal. Les pousses d'épinard sont une excellente source de vitamines A, C et K, ainsi que de minéraux comme le fer et le calcium. Le fromage blanc ajoute des protéines et du calcium, bénéfiques pour les muscles et les os.

Épluchez la banane, puis détaillez-la en rondelles. Mettez-les dans un sac de congélation, puis stockez-les au congélateur pour au moins 6 h.

Épluchez les kiwis et coupez-les en quartiers.

Versez le lait dans le blender. Ajoutez les pousses d'épinard et mixez pendant 30 s à la vitesse 6. Ajoutez le fromage blanc, le sirop d'érable, les kiwis et la banane congelée. Mixez pendant 30 s à la vitesse 5.

Servez immédiatement.

1 banane
3 kiwis
300 ml de lait végétal
40 g de pousses d'épinard fraîches
150 g de fromage blanc
2 c. à s. de sirop d'érable

Pour
2 personnes

Préparation :
10 min

Repos :
6 h

SALADE DE FENOUIL À L'ORANGE

Une salade vitaminée pour une multitude de saveurs et de nutriments ! Le fenouil est riche en fibres et en antioxydants, l'orange apporte de la vitamine C, les radis ajoutent de la vitamine B, tandis que les canneberges séchées offrent des bienfaits pour la santé, comme des antioxydants et des vitamines.

Lavez le fenouil et les radis. Installez le râpe multifonction munie du cylindre à trancher sur le robot pâtissier multifonction. Râpez le fenouil et les radis. Mettez-les dans un grand plat.

Pelez les oranges au couteau : coupez les extrémités et posez l'orange à la verticale. Retirez la peau au couteau de haut en bas en veillant à retirer toute la membrane blanche. Détaillez la pulpe d'orange en quartiers. Ajoutez-les à la salade.

Lavez et effeuillez l'aneth et ajoutez-le ainsi que les canneberges séchées.

Mettez les ingrédients de la vinaigrette dans le bol mélangeur du blender. Mixez à la vitesse 3 pendant 30 s. Versez cette vinaigrette sur la salade, mélangez et servez tout de suite.

2 fenouils
1 petite botte de radis
2 oranges
1 petit bouquet d'aneth
1 poignée de canneberges séchées

VINAIGRETTE

Le jus de ½ orange
1 c. à s. de vinaigre de riz
3 c. à s. d'huile d'olive
Sel, poivre

VARIANTES

Pour une version gourmande, vous pouvez ajouter quelques copeaux de parmesan. Vous pouvez également remplacer les cranberries par des noix ou des raisins secs.

Pour
4 personnes

Préparation :
10 min

SALADE DE PRINTEMPS

Une salade composée de plusieurs légumes pour un très bon apport en fibres, en vitamines et en minéraux essentiels. Les pistaches apportent de bonnes graisses, des protéines végétales et des fibres. La burrata ajoute une dose de protéines, calcium et phosphore.

Équeutez les pois gourmands. Faites chauffer une casserole d'eau salée. À ébullition, plongez-y les pois gourmands pour 5 min de cuisson. Égouttez-les et passez-les sous l'eau bien fraîche pour stopper la cuisson.

Fixez la râpe à cylindres pour préparations fraîches au robot pâtissier multifonction, avec l'accessoire lame pour découper. Lavez le concombre et les courgettes, coupez-les en deux dans la longueur et détaillez-les en rondelles à la vitesse 4.

Installez la râpe à cylindres pour préparations fraîches avec le gros cylindre à râper grossièrement et concassez les pistaches à la vitesse 4.

Coupez les sucrines dans le sens de la longueur et disposez tous les légumes dans un plat à salade. Ajoutez la burrata. Terminez par un zeste de citron frais, des pistaches concassées et arrosez d'huile d'olive.

200 g de pois gourmands
1 concombre
2 courgettes
90 g de pistaches
4 cœurs de sucrine
100 g d'edamame
1 burrata
Le zeste de 1 citron
2 c. à s. d'huile d'olive
Sel

CONSEIL

Servez avec du pain complet.

Pour
6 personnes

Préparation :
20 min

Cuisson :
5 min

BAGELS AU SAUMON FUMÉ

Un pain bagel qui offre une source de glucides complexes intéressants et des fibres, ce qui favorise une libération d'énergie durable. Le saumon fumé est riche en acides gras oméga-3, bénéfiques pour la santé cardiaque et cérébrale, ainsi qu'en protéines de haute qualité. Le concombre ajoute de la fraîcheur et des vitamines, tandis que le fromage frais apporte des protéines et du calcium pour la santé des os.

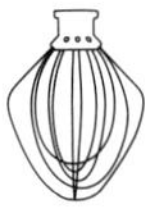

Préchauffez le four à 200 °C.

Mettez la farine, le yaourt à la grecque, le sel, la levure chimique et l'œuf dans la cuve du robot pâtissier multifonction muni du batteur à pâtisserie. Mélangez à la vitesse 1 pendant 2 min.

Séparez la pâte obtenue en 4 portions égales. Mouillez-vous les main, puis formez 4 boules au centre desquelles vous ferez une belle ouverture. Déposez-les sur une plaque recouverte de papier cuisson. Mélangez le jaune d'œuf avec un peu d'eau, puis badigeonnez vos bagels de cette dorure à l'aide d'un pinceau. Décorez d'un peu de graines de sésame et de flocons d'avoine.

Enfournez et laissez cuire 20 à 25 min. Les bagels doivent être bien dorés. Laissez-les refroidir sur une grille.

Préparez la garniture : lavez le concombre, puis détaillez-le en tranches fines. Mettez le fromage frais dans la cuve du robot pâtissier multifonction muni du fouet à fils. Ajoutez le zeste de citron, du sel, du poivre, des baies roses concassées et de l'aneth. Mélangez à la vitesse 4 pendant 1 min.

Ouvrez les bagels, étalez un peu de fromage frais, ajoutez de la salade, du concombre et du saumon fumé. Refermez et dégustez bien frais.

BAGELS EXPRESS

200 g de farine T80
250 g de yaourt à la grecque
½ c. à c. de sel
5 g de levure chimique
1 œuf + 1 jaune d'œuf
Graines de sésame
Flocons d'avoine

GARNITURE

½ concombre
150 g de fromage frais à tartiner
Le zeste de 1 citron jaune
Quelques baies roses
2 branches d'aneth
4 tranches de saumon fumé
Quelques feuilles de salade
Sel, poivre

Pour
4 bagels

Préparation :
15 min

Cuisson :
25 min

TARTINADES
DIP DE PETITS POIS, HOUMOUS DE CAROTTE

Les petits pois sont riches en fibres, en protéines végétales, en vitamines (notamment la vitamine C et la vitamine K) et en minéraux (comme le fer et le magnésium). La menthe apporte des propriétés digestives et apaisantes pour le système gastro-intestinal. Les pignons de pin fournissent des acides gras bons pour le cœur. Un houmous qui apporte une excellente source de protéines, de fibres et d'antioxydants. Il favorise la santé des yeux, de la peau et du cœur, tout en renforçant le système immunitaire et la santé osseuse.

DIP DE PETITS POIS
Épluchez les échalotes et ciselez-les. Faites chauffer l'huile d'olive dans une sauteuse, ajoutez l'échalote et faites-la revenir 3 min en mélangeant. Ajoutez les petits pois, l'eau et couvrez. Laissez cuire 5 à 6 min. Versez le contenu de la sauteuse dans le robot ménager muni de la lame polyvalente. Ajoutez la ricotta, les feuilles de menthe, le zeste de citron et salez. Mixez à la vitesse 1 pendant 2 min. Mettez la préparation dans un bol et ajoutez quelques pignons de pin.

HOUMOUS DE CAROTTE
Épluchez les carottes et la gousse d'ail, puis râpez-les à l'aide du robot ménager muni du disque à râper. Mettez-les dans une sauteuse, ajoutez l'eau, couvrez et faites cuire à couvert pendant 10 min en mélangeant régulièrement et en remettant un peu d'eau si nécessaire. Quand les carottes sont bien cuites, mettez-les dans la cuve du robot ménager muni de la lame polyvalente. Ajoutez les pois chiches, le tahini, le cumin et du sel. Mixez à la vitesse 2 pendant 2 min. Mettez la préparation dans un bol et saupoudrez de graines de sésame.

DIP DE PETITS POIS

300 g de petits pois écossés
2 échalotes
1 c. à s. d'huile d'olive
2 c. à s. d'eau
60 g de ricotta
2 branches de menthe
Le zeste de ½ citron
1 c. à s. de pignons de pin
Sel

HOUMOUS DE CAROTTE

1 boîte de 240 g de pois chiches
3 carottes
1 gousse d'ail
2 c. à s. d'eau
1 c. à s. de tahini
1 pincée de cumin
1 c. à s. de graines de sésame
Sel

Pour
6 personnes

Préparation :
10 min

Cuisson :
15 min

WRAPS MAISON,
SARDINES, FROMAGE FRAIS ET TOMATES SÉCHÉES

Un wrap à faible index glycémique, notamment grâce à la farine de pois chiches, riche en protéines, en fibres et en minéraux essentiels comme le fer et le zinc. La garniture de sardines apporte des acides gras oméga-3 bénéfiques pour la santé cardiaque et cognitive, ainsi que des protéines de haute qualité. Le céleri est une source de fibres, de vitamines (notamment la vitamine K) et de minéraux, tandis que le persil ajoute des antioxydants et des vitamines.

Préparez les tortillas : versez les farines et le sel dans la cuve du robot pâtissier multifonction muni du batteur plat. Versez l'eau et l'huile dans une petite casserole, puis portez à ébullition. Faites tourner le robot à la vitesse 2 et versez-y le mélange chaud. Laissez tourner 2 min, puis mettez la pâte obtenue dans un saladier. Couvrez de film alimentaire, puis laissez reposer 30 min.

Étalez la pâte sur un plan de travail fariné et détaillez des disques de la taille d'une petite assiette.

Faites chauffer une poêle antiadhésive à feu vif, puis faites cuire les tortillas une par une pendant 2 min de chaque côté. Laissez tiédir sur une grille.

Préparez la garniture : mettez les filets de sardines, le fromage frais, les pétales de tomates séchées, la branche de céleri coupée en rondelles, le zeste de citron, les feuilles de persil, du sel et du poivre dans la cuve du robot ménager muni de la lame polyvalente. Mixez à la vitesse 2 pendant 1 min. Raclez les bords et mixez de nouveau. Garnissez vos tortillas de cette préparation et de feuilles de salade.

TORTILLAS

120 g de farine de blé T80

100 g de farine de pois chiches

1 pincée de sel

160 ml d'eau

4 c. à s. d'huile de tournesol

GARNITURE

2 boîtes de filets de sardines au naturel

150 g de fromage frais

6 pétales de tomates séchées

1 branche de céleri

Le zeste de 1 citron

2 branches de persil

Quelques feuilles de salade

Sel, poivre

VARIANTES

Pour une version plus relevée, vous pouvez ajouter ½ c. à c. de moutarde et quelques câpres à la garniture. Vous pouvez également remplacer les sardines par du thon.

Pour
4 personnes

Préparation :
15 min

Cuisson :
5 min

Repos :
30 min

FLANS AUX CAROTTES ET CURRY

Les carottes sont riches en bêta-carotène, bon pour la vue et la peau, tandis que les oignons apportent des antioxydants et des composés anti-inflammatoires. Le son d'avoine offre des fibres bénéfiques pour la digestion et la satiété. Les œufs et la feta fournissent des protéines de haute qualité, essentielles pour le développement musculaire et la régulation de l'appétit.

Préchauffez le four à 180 °C. Épluchez les carottes, l'oignon et la gousse d'ail, puis râpez-les à l'aide du robot ménager muni du disque à râper.

Dans la cuve du robot pâtissier multifonction muni du batteur à pâtisserie, mettez la crème de soja, les œufs, la fécule, le son d'avoine, le curry et le sel. Mélangez 2 min à la vitesse 2.

Ajoutez les légumes râpés, puis mélangez 1 min. Ajoutez la feta et mélangez encore 30 s.

Versez la préparation dans 6 ramequins huilés. Répartissez les graines de cumin et enfournez pour 40 min de cuisson.

Servez bien chaud avec une salade croquante.

400 g de carottes
1 oignon
1 gousse d'ail
200 ml de crème de soja
3 œufs
2 c. à s. de fécule de pomme de terre
35 g de son d'avoine
2 c. à c. de curry en poudre
100 g de feta
1 c. à c. de graines de cumin
Sel

Pour
6 personnes

Préparation :
10 min

Cuisson :
40 min

SALADE ASIATIQUE AU CONCOMBRE

ET VINAIGRETTE MISO AU GINGEMBRE

Une salade équilibrée, nourrissante et anti-inflammatoire : les radis, le concombre et le chou rouge offrent des antioxydants et des phytonutriments, tandis que les nouilles de riz fournissent des glucides complexes pour une énergie durable. La sauce à base de pâte de miso apporte des probiotiques bénéfiques pour la santé intestinale.

Lavez les concombres, les radis et épluchez l'oignon rouge, puis tranchez-les à la vitesse 2 dans le robot ménager équipé du disque à trancher, sur le réglage le plus fin.

Passez au disque à râper réversible, réglez le robot ménager à la vitesse 10 et râpez le chou rouge.

Dans un petit saladier, mélangez le vinaigre de riz et le sucre glace, puis ajoutez les légumes râpés. Laissez reposer au moins 10 min pour que les légumes puissent s'imprégner de vinaigre.

À l'aide d'un économe, découpez des rubans de carotte.

Dans une grande casserole, faites frémir de l'eau salée. Plongez-y les nouilles et faites cuire pendant 1 min. Placez les nouilles cuites dans un bol avec de l'eau glacée.

Préparez la sauce : épluchez les carottes. Versez le vinaigre de riz, l'huile neutre, l'huile de sésame, le sirop d'agave, le jus de citron vert, la pâte de miso, les carottes et le gingembre dans le bol du blender. Mixez à la vitesse 5 jusqu'à ce que la sauce soit émulsionnée.

Mettez les crudités dans un grand plat et mélangez bien. Arrosez de vinaigrette, saupoudrez de coriandre hachée si vous le souhaitez, de graines de sésame noir et de cébette hachée.

2 petits concombres
6 radis
1 oignon rouge
100 g de chou rouge
4 c. à s. de vinaigre de riz blanc
1 c. à s. de sucre glace
1 carotte
100 g de nouilles de riz
2 branches de coriandre (facultatif)
1 c. à s. de sésame noir
2 cébettes

SAUCE

2 petites carottes
60 ml de vinaigre de riz
60 ml d'huile neutre
¼ de c. à s. d'huile de sésame
¼ de c. à s. de sirop d'agave
Le jus de 1 citron vert
½ c. à s. de pâte de miso
1,5 cm de gingembre frais épluché

Pour
4 personnes

Préparation :
20 min

Cuisson :
5 min

Repos :
10 min

TARTE AUX ASPERGES

Une tarte à base de farine complète, qui offre des fibres bénéfiques pour la digestion et la satiété. Les asperges sont riches en vitamines, minéraux et antioxydants, et ont un effet diurétique. La ricotta apporte des protéines de qualité et du calcium pour la santé osseuse.

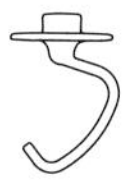

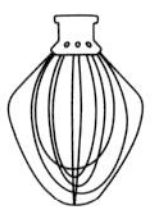

Versez l'eau tiède dans la cuve du robot pâtissier multifonction, ajoutez la levure de boulanger et le sucre, puis mélangez. Laissez reposer 10 à 15 min. Ajoutez alors la farine, le beurre et le sel et mélangez à l'aide du crochet à la vitesse 2 pendant 3 min. Pétrissez ensuite à la vitesse 4 pendant 4 min. Mettez la pâte dans un saladier, couvrez d'un torchon propre, puis laissez gonfler dans un endroit tiède pendant 1 h.

Préchauffez le four à 210 °C.

Étalez la pâte sur une feuille de papier cuisson en un grand rectangle de 40 x 30 cm.

Mettez la ricotta et le jaune d'œuf dans la cuve du robot pâtissier muni du fouet à fils. Salez, poivrez et ajoutez les feuilles de sauge ciselées et le zeste de citron. Fouettez à la vitesse 4 pendant 1 min. Répartissez cette préparation sur la pâte en laissant un petit rebord libre. Déposez les asperges tête bêche dans la crème.

Enfournez pour 20 min de cuisson environ, la pâte doit être dorée, mais ne pas trop se colorer. Dégustez bien chaud.

PÂTE

120 ml d'eau tiède

3 g de levure sèche de boulanger

1 c. à c. de sucre

200 g de farine complète

15 g de beurre

½ c. à c. de sel

GARNITURE

200 g d'asperges vertes fines

150 g de ricotta

1 jaune d'œuf

Quelques feuilles de sauge

Le zeste de 1 citron

Sel, poivre

Pour
6 personnes

Préparation :
15 min

Cuisson :
20 min

Repos :
1 h

SOUPE THAÏE À LA DINDE

Une soupe complète, nutritive et équilibrée, qui offre de nombreux bienfaits pour la santé. Les nouilles de riz fournissent des glucides pour l'énergie, tandis que la dinde ajoute des protéines maigres essentielles pour le développement musculaire. Le chou, le poivron, l'oignon sont riches en vitamines, minéraux et antioxydants, renforçant le système immunitaire. Les germes de soja ajoutent des fibres tandis que le lait de coco offre des nutriments bénéfiques.

1 oignon
3 carottes
2 gousses d'ail
1 poivron rouge
400 g d'escalopes de dinde
1 c. à s. d'huile de coco
1 c. à s. de pâte de curry rouge
3 choux pak choï
3 cm de racine de gingembre frais
400 ml de lait de coco
2 c. à s. de sauce nuoc-mâm
100 ml d'eau
150 g de vermicelles de riz
1 poignée de pousses de soja
Le jus de 1 citron vert
Quelques branches de coriandre (facultatif)
Sel

Épluchez l'oignon, les carottes et l'ail. Coupez le pédoncule du poivron rouge et épépinez-le. Détaillez-les en cubes dans le robot ménager muni du disque et de la lame à découper en dés à la vitesse 2.

Détaillez les escalopes de dinde en aiguillettes. Faites chauffer l'huile de coco dans une cocotte et faites-y revenir les aiguillettes de dinde sur feu vif en mélangeant. Retirez-les, puis faites revenir quelques minutes les cubes de légumes dans la même cocotte. Ajoutez alors la pâte de curry rouge, les choux pak choï coupés en deux, le gingembre râpé, le lait de coco et la sauce nuoc-mâm. Ajoutez la dinde, l'eau, salez, couvrez et laissez mijoter pendant 20 min.

Ajoutez les vermicelles de riz et les pousses de soja et prolongez la cuisson pendant 2 min.

À la fin de la cuisson, ajoutez le jus de citron vert, la coriandre ciselée si vous le souhaitez et servez.

Pour
4 personnes

Préparation :
10 min

Cuisson :
30 min

ROULEAUX DE PRINTEMPS,

SAUCE NOIX DE CAJOU

Les carottes et les betteraves sont riches en antioxydants, en fibres et en vitamines bénéfiques pour le cœur et les intestins. L'avocat est une source de bons acides gras, de fibres et de vitamines efficaces pour réguler la glycémie et pour la santé en général. La sauce à base de noix de cajou offre des protéines végétales, des graisses saines et des minéraux, renforçant ainsi l'immunité.

8 feuilles de riz

2 carottes

1 betterave chioggia

1 avocat

50 g de vermicelles de riz

Quelques feuilles de salade

Quelques feuilles de menthe

16 crevettes roses

Noix de cajou

SAUCE

2 c. à s. de purée de noix de cajou

2 c. à s. de sirop d'agave

2 c. à s. de sauce soja

2 c. à s. de vinaigre de riz

Épluchez les carottes et la betterave. Râpez finement les carottes à l'aide du robot ménager muni du disque à julienne. Installez le disque à trancher en position la plus fine et coupez des lamelles de betterave. Épluchez l'avocat et détaillez-le en bâtonnets.

Portez une petite casserole d'eau à ébullition. Déposez les nouilles de riz dans un bol et couvrez-les d'eau bouillante. Laissez reposer 5 min, puis égouttez-les.

Trempez une feuille de riz dans de l'eau tiède, puis posez-la sur un torchon propre.

Commencez à garnir le rouleau de printemps. Au centre, déposez une lamelle de betterave, puis une feuille de salade et quelques feuilles de menthe. Ajoutez un peu de vermicelles de riz, des carottes et enfin un bâtonnet d'avocat. Ajoutez 2 crevettes. Rabattez le bas de la feuille sur les ingrédients, serrez-bien, puis repliez les côtés. En serrant bien, roulez pour former votre rouleau de printemps. Recommencez jusqu'à épuisement des ingrédients. Conservez-les au réfrigérateur le temps de préparer la sauce.

Mettez tous les ingrédients dans le bol mélangeur du blender, fermez et mixez à la vitesse 3 pendant 1 min, afin d'obtenir une sauce homogène. Servez le tout avec des noix de cajou concassées et des feuilles de salade et de menthe.

Pour
4 personnes

Préparation :
30 min

CURRY D'ÉPINARD

Un plat équilibré, nourrissant et bon pour la santé ! En effet, l'épinard est riche en fer, en calcium et en vitamines, favorisant la santé des os et des muscles. Les carottes fournissent des antioxydants et des vitamines essentielles pour la vision et la peau. Les pois chiches sont une excellente source de protéines végétales, de fibres et de minéraux contribuant à la santé cardiaque et digestive. Le curry est riche en curcumine, un puissant antioxydant aux propriétés anti-inflammatoires et bénéfiques pour la santé digestive.

Épluchez l'oignon, les carottes et la gousse d'ail. Détaillez-les en cubes dans le robot ménager muni du disque et de la lame à découper en dés à la vitesse 2.

Lavez les pousses d'épinard, équeutez-les et coupez-les grossièrement.

Faites revenir les légumes dans une sauteuse avec l'huile d'olive pendant 5 min à feu doux. Ajoutez le lait de coco, l'eau, les pois chiches, le curry, le concentré de tomate et salez. Laissez cuire à petit bouillon pendant 25 min en mélangeant régulièrement.

Servez le curry avec du riz et saupoudrez de coriandre ciselée.

350 g d'épinard
1 oignon
3 carottes
1 gousse d'ail
1 c. à s. d'huile d'olive
200 g de lait de coco
100 ml d'eau
1 boîte de pois chiches cuits de 240 g
1 c. à c. de curry en poudre ou 1 c. à s. de pâte de curry
1 c. à s. de concentré de tomate
3 branches de coriandre
Sel

Pour
6 personnes

Préparation :
10 min

Cuisson :
30 min

RAVIOLIS AU PESTO DE FANES DE RADIS

Les pousses d'épinard apportent du fer et de nombreuses vitamines, et les radis ajoutent aussi des vitamines C et B. Les noisettes offrent de bons acides gras de qualité, tout comme l'huile d'olive, qui apporte majoritairement des acides gras mono-insaturés, bénéfiques pour la prévention des maladies cardiovasculaires.

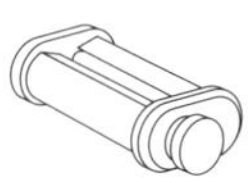

Mettez les pousses d'épinard dans une casserole, ajoutez 1 c. à s. d'eau et faites-les tomber pendant environ 2 min.

Mettez les œufs et les pousses d'épinard dans le blender. Mélangez pendant 45 s à la vitesse 4.

Fixez le crochet pétrisseur sur le robot pâtissier multi-fonction. Versez la farine et le sel dans le bol. Tournez le levier de commande de vitesse sur 4 et commencez à ajouter lentement le mélange à base d'œufs jusqu'à ce que la pâte forme une boule. Pétrissez la pâte pendant 4 min.

Enveloppez la pâte dans un film étirable et placez-la au réfrigérateur pendant 1h.

Préparez le pesto : lavez les fanes de radis. Portez une casserole d'eau salée à ébullition. Plongez-y les fanes pendant 1 min, puis égouttez-les bien. Mettez-les dans la cuve du robot ménager muni de la lame polyvalente. Ajoutez les noisettes, le parmesan, les gousses d'ail pelées et l'huile d'olive. Salez et poivrez. Mixez à la vitesse 2 jusqu'à obtenir un pesto homogène.

Fixez la machine à pâtes sur le robot pâtissier multi-fonction. Réglez l'épaisseur sur 1. Tournez le levier de commande de vitesse sur 2 et assouplissez la pâte en la passant plusieurs fois dans la machine, en la pliant en deux entre chaque passage. Réglez l'épaisseur sur 2. Faites passer la pâte à travers les rouleaux pour l'aplatir davantage. Réglez l'épaisseur sur 3 et faites passer la pâte dans la machine une nouvelle fois. N'oubliez pas de fariner la pâte avant chaque passage. Détaillez des disques de 7 cm de diamètre à l'aide d'un emporte-pièce. Déposez une petite cuillère de pesto au centre de la moitié des disques, appliquez un peu d'eau sur le pourtour et refermez d'un second disque. Appuyez bien pour sceller la pâte. Déposez-les sur une plaque farinée et laissez-les sécher 1h à température ambiante. Portez une grande casserole d'eau salée à ébullition et plongez les raviolis. Mélangez bien pour éviter qu'ils se collent entre eux. À partir de la reprise de l'ébullition, comptez 5 à 6 min de cuisson. Servez bien chaud avec un filet d'huile d'olive et éventuellement une sauce tomate.

PÂTE

40 g d'épinard frais

400 g de farine T80

4 œufs

1 c. à c. de sel

FARCE

Les fanes de 1 botte de radis

50 g de noisettes

50 g de parmesan râpé

2 gousses d'ail

50 ml d'huile d'olive

Sel, poivre

Pour
4 personnes

Préparation :
25 min

Cuisson :
10 min

Repos :
2 h

FINGERS DE POLENTA AU BROCOLI

La polenta, sans gluten, est riche en glucides complexes, fournissant une énergie durable, tandis que le brocoli est une source de fibres, de vitamines C et K, et de composés phytochimiques bénéfiques pour la santé. Les tomates séchées ajoutent des antioxydants et des vitamines.

Détaillez le brocoli en petits morceaux et faites-les cuire à la vapeur pendant 5 min. Coupez les tomates séchées en petits morceaux.

Versez le lait de riz et l'eau dans une casserole et portez à ébullition. Versez la polenta en pluie et mélangez sans arrêt pendant 5 min. Versez la polenta dans la cuve du robot pâtissier multifonction muni du batteur à pâtisserie. Ajoutez les brocolis, les tomates séchées, le parmesan, les herbes de Provence, l'huile d'olive et un peu de sel. Mélangez à la vitesse 1 pendant 1 min.

Étalez la préparation sur une feuille de papier cuisson et lissez avec une spatule pour obtenir une épaisseur régulière de 3 cm environ. Laissez refroidir pendant 30 min.

Préchauffez le four à 180 °C.

À l'aide d'un grand couteau, détaillez des bâtonnets de polenta. Roulez-les dans un peu de polenta sèche afin de les recouvrir. Déposez-les sur une plaque recouverte de papier cuisson et enfournez pour 15 min environ. Servez chaud avec une salade.

125 g de polenta

1 petit brocoli

6 pétales de tomates séchées

250 ml de lait de riz

250 ml d'eau

50 g de parmesan

1 c. à c. d'herbes de Provence

1 c. à s. d'huile d'olive

Sel

Pour
4 personnes

Préparation :
10 min

Cuisson :
10 min

Repos :
30 min

CAKE AU THÉ MATCHA

Le thé matcha est riche en antioxydants et en catéchines, bons pour la santé cardiaque et l'amélioration de la concentration. Les framboises sont riches en fibres, en vitamines C et en antioxydants soutenant le système immunitaire et la santé de la peau. Le skyr, riche en protéines et faible en matières grasses, contribue à la santé musculaire et à la satiété.

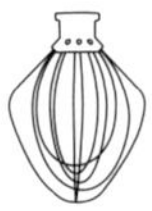

3 œufs
80 g de sucre complet
90 g de farine
30 g de poudre d'amande
1 c. à c. de levure
1 c. à s. de thé matcha en poudre
Le zeste de 1 citron
100 g de skyr
150 g de framboises surgelées
Huile végétale

Préchauffez le four à 160 °C.

Mettez les œufs et le sucre dans la cuve du robot pâtissier multifonction muni du fouet à fils. Fouettez à la vitesse maximale pendant 5 min, le mélange doit avoir doublé de volume.

Pendant ce temps, mélangez la farine, la poudre d'amande, la levure, le thé matcha et le zeste de citron dans un autre bol.

Baissez la vitesse, puis ajoutez le skyr. Ajoutez ensuite le mélange sec. Mélangez encore 30 s, pour obtenir un mélange homogène.

À l'aide d'une spatule, incorporez la moitié des framboises surgelées. Versez la préparation dans un moule à cake légèrement huilé. Ajoutez les framboises restantes et enfournez pour 40 min de cuisson.

Démoulez et laissez tiédir sur une grille de refroidissement avant de le détailler en tranches.

Pour
6 personnes

Préparation :
10 min

Cuisson :
40 min

CRÊPES AU FROMAGE BLANC

Des crêpes légères à base de fromage blanc, une alternative saine ! Le fromage blanc est une source de protéines de haute qualité, de calcium et de probiotiques, bénéfiques pour la santé digestive et osseuse. La garniture à base de dattes et de miel ajoute une touche sucrée naturelle, tout en apportant des fibres, des antioxydants et des minéraux, comme le potassium et le magnésium.

Préparez la pâte à tartiner : mettez les dattes dans la cuve du robot ménager muni de la lame polyvalente. Dans une casserole, faites tiédir le lait, puis versez-le sur les dattes. Laissez reposer pendant 30 min. Ajoutez le miel, puis mixez à la vitesse 2 pendant 2 min. Raclez les bords, puis mixez de nouveau pour obtenir une pâte à tartiner lisse et homogène.

Préparez la pâte à crêpes : dans la cuve du blender, mettez le fromage blanc, le lait végétal, les œufs, la farine, l'eau de fleur d'oranger puis le sel. Mixez à la vitesse 4 pendant 1 min.

Faites chauffer une crêpière légèrement beurrée. Faites cuire chaque crêpe 2 min de chaque côté. Servez-les avec la pâte à tartiner.

PÂTE À TARTINER

250 g de dattes dénoyautées

120 ml de lait végétal

1 c. à s. de miel de châtaignier

CRÊPES

150 g de fromage blanc

200 ml de lait végétal

2 œufs

120 g de farine T80

1 goutte d'eau de fleur d'oranger

1 pincée de sel

VARIANTE

Pour une version chocolatée de la pâte à tartiner, vous pouvez ajouter 1 c. à s. de cacao non sucré au moment de mixer.

Pour
6 personnes

Préparation :
10 min

Cuisson :
10 min

Repos :
30 min

TARTE AUX FRAISES LÉGÈRE

Un dessert à l'apport maîtrisé en sucre et en gras, parfait pour une alimentation équilibrée ! Les fraises sont riches en vitamine C, en fibres et en antioxydants bons pour le cœur et la digestion. Les pistaches fournissent de bonnes graisses, des protéines et des fibres bénéfiques pour la santé cardiaque et la satiété. La crème d'amande offre des protéines végétales, et la verveine ajoute des propriétés relaxantes.

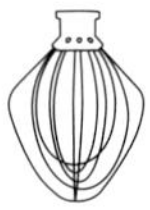

Préparez la génoise : préchauffez le four à 180 °C. Mettez les œufs et le sucre dans la cuve du robot pâtissier multifonction muni du fouet et fouettez à la vitesse 10 pendant 5 à 6 min, le mélange doit avoir blanchi et doublé de volume. À l'aide d'une maryse, intégrez délicatement la farine et le zeste de citron.

Huilez un moule à tarte à fond surélevé et versez-y la préparation. Enfournez pour 15 min de cuisson. Lorsque la génoise est cuite, démoulez-la et faites-la refroidir sur une grille avant de la déposer sur un plat de service.

Préparez la crème à la verveine : versez la crème d'amande dans une casserole, ajoutez les branches de verveine et portez à petite ébullition. Au premier bouillon, coupez le feu et laissez infuser pendant 30 min.

Mettez le mascarpone dans la cuve du robot muni du batteur plat. Mélangez à la vitesse 1 pendant 1 min pour le détendre.

Retirez la branche de verveine de la casserole, ajoutez les œufs, le sucre et la fécule de maïs. Faites chauffer sur feu doux en mélangeant au fouet jusqu'à ce que le mélange épaississe. Versez-le alors sur le mascarpone et battez à la vitesse 1 pendant 2 min pour obtenir une texture homogène et crémeuse. Versez la crème obtenue dans le creux de la génoise. Laissez tiédir.

Lavez les fraises, équeutez-les, puis détaillez-les en quatre. Déposez-les sur la crème et ajoutez des pistaches concassées.

GÉNOISE

2 œufs

50 g de sucre

60 g de farine

Le zeste de 1 citron

CRÈME À LA VERVEINE

150 ml de crème d'amande

2 branches de verveine

60 g de mascarpone

2 œufs

30 g de sucre blond de canne

10 g de fécule de maïs

GARNITURE

250 g de fraises

30 g de pistaches émondées

Pour
6 personnes

Préparation :
45 min

Cuisson :
20 min

Repos :
30 min

ÉTÉ

SMOOTHIE BOWL AUX FRUITS ROUGES

Idéal pour un petit-déjeuner énergisant ou une collation saine, le smoothie bowl est un bon choix de santé ! La banane apporte du potassium, des fibres et des vitamines B6, favorisant ainsi la santé cardiaque et digestive. Les fruits rouges sont chargés d'antioxydants qui aident à combattre les radicaux libres et à protéger les cellules de l'organisme. Les protéines de chanvre sont un vrai plus de santé : une source végétale complète de protéines, avec tous les acides aminés essentiels nécessaires à la croissance et à la réparation musculaire, ainsi qu'une bonne teneur en oméga-3, importants pour la santé cardiaque et la réduction des inflammations.

1 banane

100 g de fruits rouges au choix

100 g de fromage blanc de brebis

1 c. à c. de protéines de chanvre en poudre

Épluchez la banane, puis détaillez-la en rondelles. Mettez-les dans un sac de congélation, puis stockez-les au congélateur pour au moins 6 h.

Mettez la banane congelée dans le bol du blender, ajoutez les fruits rouges, les protéines de chanvre en poudre et le fromage blanc. Mixez jusqu'à obtenir un résultat onctueux.

Mettez la préparation dans un bol, ajoutez des myrtilles fraîches et un peu de granola. Dégustez très vite.

Pour
1 personne

Préparation :
10 min

Repos :
6 h

JUS PASTÈQUE ET PASSION

Une boisson rafraîchissante et une dose d'éléments nutritifs essentiels, avec la pastèque qui hydrate et protège la peau grâce à ses vitamines et antioxydants ; les fruits de la Passion qui apportent des fibres et des vitamines bonnes pour l'immunité ; et la banane qui fournit de l'énergie durable !

Coupez la pastèque en cubes. Ouvrez les fruits de la Passion. Déposez une petite passoire fine sur un bol, et déposez-y le jus et les graines de Passion. Mélangez bien afin de récupérer le maximum de pulpe. Épluchez la banane, puis coupez-la en rondelles.

Mettez le jus de fruit de la Passion, les cubes de pastèque, les rondelles de banane et les glaçons dans le blender. Mixez pendant 1 min en position Boisson glacée. Dégustez immédiatement.

500 g de pastèque (poids net)

4 fruits de la Passion

1 banane

6 glaçons

VARIANTE

Vous pouvez ajouter ½ verre de lait de coco et le zeste de 1 citron vert.

Pour
4 personnes

Préparation :
5 min

SALADE CONCOMBRE, PASTÈQUE ET FETA

Une salade légère et rafraîchissante, bénéficiant d'un apport nutritif intéressant grâce au concombre, principalement constitué d'eau et riche en fibres, ce qui favorise l'hydratation et la santé digestive ; à la pastèque, qui apporte des vitamines et des antioxydants essentiels ; et à la feta, qui offre une source de protéines et de calcium.

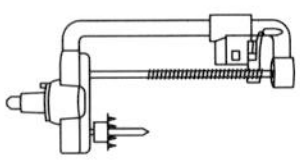

Lavez le concombre et coupez ses extrémités. Fixez l'accessoire taille-légumes en spirale sur le robot pâtissier multifonction. Placez le concombre au centre de la brochette à fruits et légumes rattachée au taille-légumes. Fixez la lame pour trancher en spirales fines, et positionnez-la à l'extrémité du concombre. Démarrez le robot à la vitesse 4.

Mettez les spirales de concombre dans un grand plat. Détaillez la pastèque en cubes. Pelez l'oignon rouge, puis coupez-le en fines rondelles. Ajoutez la roquette et la feta émiettée.

Préparez la sauce : mettez dans le bol mélangeur du blender les ingrédients de la sauce et ajoutez 1 c. à s. d'eau. Mixez à la vitesse 4 pendant 1 min.

Arrosez la salade de sauce, ajoutez les framboises et servez.

1 concombre
500 g de pastèque
1 petit oignon rouge
Quelques branches de menthe
100 g de roquette
100 g de feta
Quelques framboises

SAUCE
2 c. à s. d'huile d'olive
1 c. à s. de jus de citron
1 c. à s. de miel liquide
1 c. à c. de moutarde
Sel, poivre

Pour
6 personnes

Préparation :
10 min

SALADE DE PÂTES COMPLÈTES,
TOMATES, ROQUETTE, POIVRON

Les pâtes à base de farine complète sont riches en fibres et en glucides complexes, favorisant une énergie durable et une digestion saine. Les légumes d'été de cette salade sont remplis de bienfaits : les poivrons sont une excellente source de vitamines C et A ; les courgettes sont riches en fibres et les tomates fournissent du lycopène, un antioxydant puissant qui peut aider à réduire le risque de maladies cardiovasculaires et de certains cancers. Enfin, l'huile d'olive offre des graisses mono-insaturées saines pour le cœur, et des composés anti-inflammatoires.

Mettez la farine et le sel dans le bol du robot pâtissier multifonction, puis installez le crochet. Mélangez quelques secondes en vitesse 1, puis versez les œufs battus. Continuez à la vitesse 1 pendant environ 30 s, puis passez à la vitesse 2 pendant environ 1 min supplémentaire jusqu'à l'obtention d'une boule. Emballez la pâte dans du film alimentaire, puis laissez-la reposer au réfrigérateur pendant environ 30 min.

Installez la presse à pâtes munie de l'emporte-pièce à rigatoni sur le robot. Mettez en marche sur la vitesse 4 et formez des pâtes de 3 ou 4 cm environ. Saupoudrez-les de semoule de blé fine pour éviter qu'elles ne collent. Laissez reposer les pâtes 15 min avant la cuisson.

Portez à ébullition une grande casserole d'eau salée. Plongez-y les pâtes et faites-les cuire 3 ou 4 min. Égouttez-les, puis laissez-les tiédir.

Préparez la garniture : préchauffez le four à 200 °C. Épépinez les poivrons, puis coupez-les en lanières larges. Coupez la courgette en rondelles. Déposez-les sur une plaque recouverte de papier cuisson. Arrosez-les d'huile d'olive, salez et saupoudrez d'herbes de Provence. Enfournez pour 20 à 25 min de cuisson, les légumes doivent être bien confits.

Préparez la vinaigrette : mettez tous les ingrédients dans le bol mélangeur du blender et mixez pendant 1 min à la vitesse 4.

Mettez les pâtes dans un grand saladier, ajoutez les légumes rôtis, la roquette, les tomates cerises coupées en deux et arrosez de vinaigrette à la tomate. Terminez par quelques feuilles de basilic et des pignons de pin.

PÂTES

200 g de farine complète
1 pincée de sel
100 g d'œufs (2 œufs)
Semoule de blé fine

GARNITURE

2 poivrons rouges
1 courgette
1 c. à s. d'huile d'olive
1 c. à c. d'herbes de Provence
100 g de roquette
200 g de tomates cerises
Quelques branches de basilic
1 c. à s. de pignons de pin

VINAIGRETTE À LA TOMATE

1 tomate bien mûre
1 gousse d'ail
3 c. à c. d'huile d'olive
1 c. à c. de vinaigre de Xérès
½ c. à c. de moutarde forte
Quelques feuilles de basilic
Sel, poivre

Pour
4 personnes

Préparation :
30 min

Cuisson :
30 min

Repos :
45 min

GASPACHO DE BETTERAVE ROUGE
ET CONCOMBRE

Un gaspacho revitalisant et rafraîchissant, idéal pour renforcer le système immunitaire ! En effet, le concombre hydrate et est bon pour la santé intestinale grâce à ses fibres ; l'oignon rouge et l'ail apportent des composés antioxydants et anti-inflammatoires ; la betterave est chargée d'antioxydants et de nitrates bénéfiques pour la santé cardiovasculaire ; et les graines germées sont des super-aliments, des concentrés de nutriments, en particulier d'enzymes, de vitamines et de minéraux.

Lavez le concombre et coupez-le en cubes. Pelez l'oignon et la gousse d'ail, puis coupez-les en quatre.

Mettez tous les ingrédients dans la cuve du blender et mixez à la vitesse 4 jusqu'à obtenir une consistance lisse.

Placez au réfrigérateur pendant 1h.

Servez avec un peu de fromage de chèvre frais, du concombre coupé en dés et des graines germées.

GASPACHO

1 concombre

1 petit oignon rouge

1 gousse d'ail

4 betteraves rouges cuites

200 ml de bouillon de légumes

1 c. à s. de vinaigre de vin rouge

1 c. à s. d'huile d'olive

ACCOMPAGNEMENT

Fromage de chèvre frais

Concombre

Graines germées

Pour
4 personnes

Préparation :
10 min

Repos :
1 h

TABOULÉ

Un taboulé délicieusement équilibré, avec une base de quinoa et de boulgour riches en protéines végétales, en fibres et en minéraux essentiels. Les courgettes, poivrons et concombres sont riches en vitamines, en antioxydants et en eau, favorisant l'hydratation et la santé de la peau. Les oignons nouveaux, le persil et la menthe sont riches en composés phytonutriments et en vitamines, et le citron apporte une bonne dose de vitamine C !

250 g de mélange boulgour et quinoa
1 courgette verte
1 concombre
1 poivron jaune
3 petits oignons nouveaux
1 petit bouquet de menthe
1 petit bouquet de persil
Le jus de 2 citrons
3 c. à s. d'huile d'olive
Sel, poivre

Faites chauffer une casserole d'eau salée et plongez-y les céréales. Faites-les cuire en suivant les instructions du paquet. Égouttez-les, puis laissez-les refroidir.

Lavez la courgette, le concombre et le poivron, puis coupez les extrémités. Détaillez-les en cubes dans le robot ménager muni du disque et de la lame à découper en dés à la vitesse 2. Installez ensuite le disque à trancher, puis émincez finement les petits oignons.

Mettez les céréales dans un saladier et ajoutez les légumes.

Coupez grossièrement les oignons nouveaux. Lavez les herbes, puis effeuillez-les. Mettez-les dans le bol mélangeur du blender et mixez-les 1 min à la vitesse 2. Ajoutez-les aux légumes. Mettez le jus de citron, l'huile d'olive, du sel et du poivre dans le bol mélangeur et mixez 1 min à la vitesse 2. Versez cette sauce dans le saladier. Mélangez, couvrez et laissez reposer le taboulé au moins 2 h au réfrigérateur avant de le consommer.

VARIANTES

Vous pouvez varier les céréales (semoule complète, millet…). Vous pouvez également ajouter des tomates cerises.

Pour
6 personnes

Préparation :
20 min

Cuisson :
20 min

Repos :
2 h

TARTE RUSTIQUE
AUBERGINE ET TOMATE

Une pâte à tarte saine, riche en bonnes graisses et en glucides de qualité : les flocons de petit épeautre sont riches en fibres et en nutriments ; les graines de sésame ajoutent des acides gras insaturés, bons pour la santé ; et l'huile d'olive, riche en antioxydants et en acides gras monoinsaturés, contribue à la santé cardiaque. La garniture d'aubergine, d'oignon, de tomate et de feta fournit une multitude de vitamines, de minéraux et d'antioxydants !

Mettez tous les ingrédients de la pâte dans la cuve du robot pâtissier multifonction muni du batteur plat. Mélangez à la vitesse 1 jusqu'à l'obtention d'une boule de pâte. Emballez-la dans du film alimentaire, puis laissez-la reposer 30 min au réfrigérateur.

Épluchez l'aubergine, l'oignon et la gousse d'ail. Détaillez-les en cubes dans le robot ménager muni du disque et de la lame à découper en dés à la vitesse 2. Faites chauffer une sauteuse avec l'huile d'olive, et faites-y revenir les légumes en dés. Ajoutez un peu d'eau, salez, couvrez et laissez confire 20 min en mélangeant régulièrement et en ajoutant un peu d'eau si nécessaire. Laissez tiédir.

Préchauffez le four à 180 °C.

Préparez les tomates : lavez-les, puis détaillez-les en rondelles.

À l'aide d'un rouleau à pâtisserie, étalez la pâte sur une feuille de papier cuisson en un grand disque. Avec le dos d'une cuillère, étalez la moutarde au centre. Répartissez ensuite le confit d'aubergine, puis couvrez des rondelles de tomates. Émiettez la feta, salez, poivrez et ajoutez le romarin. Rabattez les bords de la pâte sur la garniture et badigeonnez-les de jaune d'œuf battu à l'aide d'un pinceau. Saupoudrez ces bordures de graines de sésame.

Enfournez pour 30 à 40 min de cuisson. La pâte doit être bien dorée. Dégustez tiède.

PÂTE À TARTE

200 g de farine de blé complet

50 g de flocons de petit épeautre

50 ml d'huile d'olive

100 ml d'eau

1 pincée de sel

1 jaune d'œuf

1 c. à s. de graines de sésame

GARNITURE

300 g d'aubergines

1 oignon
1 gousse d'ail

1 c. à s. d'huile d'olive

400 g de tomates

2 c. à s. de moutarde forte

100 g de feta

Quelques brins de romarin

Sel, poivre

Pour
6 personnes

Préparation :
20 min

Cuisson :
50 min

Repos :
30 min

LÉGUMES FARCIS

Des légumes farcis végétariens à base de millet, une céréale sans gluten qui est une excellente source de protéines végétales, de fibres et de minéraux essentiels tels que le magnésium et le fer. L'ail et l'oignon offrent des bienfaits pour la santé, en particulier des propriétés antioxydantes et anti-inflammatoires. Les poivrons, riches en vitamine C et en autres antioxydants, apportent une touche de fraîcheur à ce plat.

4 courgettes rondes
100 g de millet
1 oignon
1 gousse d'ail
1 poivron rouge
1 c. à s. d'huile d'olive
1 c. à s. de concentré de tomate
½ c. à c. d'herbes de Provence
Un peu de feta
Sel

Portez une casserole d'eau salée à ébullition. Plongez-y le millet et faites-le cuire en suivant les instructions du paquet. Égouttez-le, puis laissez-le tiédir.

Préchauffer le four à 180 °C.

Coupez le chapeau des courgettes rondes. Évidez-les en grattant bien la chair et les graines à l'aide d'une petite cuillère et réservez-la. Déposez les courgettes évidées dans un plat allant au four, ajoutez un fond d'eau et enfournez pour 20 min, afin de les précuire.

Pendant ce temps, épluchez l'oignon, la gousse d'ail, et retirez le pédoncule et les graines du poivron. Détaillez-les en cubes dans le robot ménager muni du disque et de la lame à découper en dés à la vitesse 2. Détaillez également la chair des courgettes.

Faites chauffer l'huile d'olive dans une sauteuse et ajoutez les légumes en cubes. Ajoutez le concentré de tomate, les herbes de Provence et salez. Faites revenir à feu vif pendant 15 min, afin de retirer le maximum d'eau des courgettes. Ajoutez enfin le millet et mélangez rapidement.

Sortez les courgettes du four et garnissez-les généreusement de cette préparation. Terminez par un peu de feta émiettée, puis enfournez pour 20 min de cuisson. Dégustez bien chaud.

VARIANTE

Pour une version protéinée, vous pouvez ajouter 100 g de tofu rosso à la préparation.

Pour
4 personnes

Préparation :
15 min

Cuisson :
45 min

QUESADILLAS AUX LÉGUMES D'ÉTÉ

Associées à une garniture végétarienne, les tortillas maison sont préparées avec des ingrédients sains comme la farine de blé semi-complet, offrant des fibres et des nutriments essentiels. La garniture végétarienne, riche en protéines végétales, en fibres, en vitamines et en minéraux contribue à la santé cardiovasculaire et à la digestion.

Versez les farines et le sel dans la cuve du robot pâtissier multifonction muni du batteur plat. Versez l'eau et l'huile dans une petite casserole, puis portez à ébullition. Faites tourner le robot à la vitesse 2 et versez le mélange chaud. Laissez tourner 2 min, puis mettez la pâte obtenue dans un saladier. Couvrez de film alimentaire, puis laissez reposer 30 min.

Coupez la queue de l'aubergine, équeutez le poivron rouge et épépinez-le. Pelez l'oignon. Détaillez-les en cubes dans le robot ménager muni du disque et de la lame à découper en dés à la vitesse 2.

Faites chauffer l'huile d'olive dans une poêle. Ajoutez les légumes en dés, le concentré de tomate et salez. Couvrez et laissez cuire 10 min. Ajoutez les haricots rouges et le paprika, et faites cuire 5 min supplémentaires.

Étalez la pâte sur un plan de travail fariné et détaillez 4 disques de 25 cm de diamètre.

Faites chauffer une poêle antiadhésive à feu vif, puis faites cuire les tortillas une par une pendant 1 min de chaque côté. Laissez-les tiédir.

Huilez la poêle, puis déposez-y une tortilla. Répartissez le mélange de légumes et émiettez 25 g de mozzarella sur une moitié de tortilla. Refermez, laissez cuire 2 min, puis retournez délicatement. Faites cuire 2 min de l'autre côté. Recommencez avec les 3 autres tortillas. Dégustez les tortillas chaudes, coupées en parts avec une salade de crudités.

TORTILLAS

100 g de farine de blé T80

100 g de farine de maïs

1 pincée de sel

160 ml d'eau

3 c. à s. d'huile de tournesol

GARNITURE

150 g d'aubergine

1 poivron rouge

1 oignon

1 c. à s. d'huile d'olive

1 c. à s. de concentré de tomate

150 g de haricots rouges cuits en conserve

½ c. à c. de paprika fumé en poudre

100 g de mozzarella émiettée

Sel

Pour
4 personnes

Préparation :
30 min

Cuisson :
30 min

Repos :
30 min

ONE POT PASTA

Un repas équilibré, sain et simple à réaliser, qui nourrit bien le corps : les pâtes fournissent des glucides complexes pour une énergie durable, tandis que les tomates apportent une dose généreuse de lycopène, un puissant antioxydant bénéfique pour la santé cardiaque. Les poivrons, riches en vitamine C, renforcent le système immunitaire, tandis que l'ail ajoute des propriétés anti-bactériennes et anti-virales. Les haricots verts complètent ce plat en fournissant des fibres et des vitamines essentielles.

350 g de pâtes
700 g de tomates rondes
1 poivron rouge
1 oignon
1 gousse d'ail
200 g de haricots verts
100 g de tomates cerises
500 ml d'eau
50 g de parmesan râpé
Quelques feuilles de basilic
Sel, poivre

Fixez la passoire à fruits et légumes sur le robot pâtissier multifonction. Coupez les tomates en deux dans le sens de la longueur. Retirez les graines puis coupez les tomates en quartiers. Équeutez puis épépinez le poivron, puis coupez-le en quartiers. Insérez les tomates et le poivron dans la passoire et mixez à la vitesse 4 pour former un coulis.

Pelez l'oignon et la gousse d'ail, puis coupez-les finement. Équeutez les haricots verts, puis coupez-les en petits tronçons. Coupez les tomates cerises en deux.

Disposez les pâtes au fond d'une grande casserole. Ajoutez l'oignon, l'ail, les haricots verts et les tomates cerises. Versez le coulis tomate poivron et l'eau. Salez et mettez sur le feu. Portez à ébullition, puis faites cuire à petit bouillon 15 à 20 min. Mélangez régulièrement pour que le mélange n'accroche pas. À la fin de la cuisson, goûtez les pâtes pour ajuster leur cuisson et l'assaisonnement.

Avant de servir, ajoutez le parmesan et les feuilles de basilic.

VARIANTE

Vous pouvez ajouter le contenu d'une boîte de thon au naturel.

Pour
4 personnes

Préparation :
15 min

Cuisson :
20 min

CLAFOUTIS DE TOMATES CERISES

Les œufs sont une excellente source de protéines de haute qualité, essentielles pour la construction et la réparation des tissus musculaires. Les oignons apportent des composés sulfurés bénéfiques pour la santé cardiovasculaire. Le fromage blanc fournit du calcium et des protéines, et les tomates cerises, riches en antioxydants comme le lycopène, contribuent à la santé de la peau et du système immunitaire.

3 oignons
2 c. à s. d'huile d'olive
3 œufs
200 ml de lait végétal
100 g de fromage blanc de chèvre
80 g de fécule de maïs
1 c. à c. d'origan séché
30 g de parmesan râpé
300 g de tomates cerises
Sel, poivre

Pelez les oignons. Installez la râpe munie du cylindre à trancher sur le robot pâtissier multifonction et émincez les oignons. Faites chauffer 1 c. à s. d'huile d'olive dans une poêle et faites revenir les oignons pendant 15 min en mélangeant, jusqu'à ce qu'ils soient bien confits.

Préchauffez le four à 180 °C.

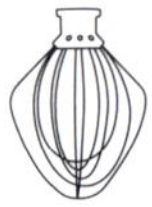

Mettez les œufs entiers, le lait végétal et le fromage blanc dans la cuve du robot pâtissier multifonction muni du fouet à fils. Fouettez à la vitesse 4 pendant 2 min. Ajoutez la fécule de maïs tamisée, l'origan, le parmesan, salez et poivrez. Fouettez encore 1 min à la vitesse 1.

Huilez un moule à gratin avec le reste d'huile d'olive. Déposez les oignons confits et les tomates cerises, mélangez-les bien. Versez la préparation et enfournez pour 25 à 30 min de cuisson. Servez bien chaud.

VARIANTE

Vous pouvez ajouter 100 g d'olives noires.

Pour
4 personnes

Préparation :
10 min

Cuisson :
45 min

CHAKCHOUKA POMMES DE TERRE ET POIVRONS

La chakchouka est un plat oriental équilibré, avec les pommes de terre qui offrent une source de glucides complexes pour une énergie durable, tandis que les œufs fournissent des protéines de haute qualité pour la construction musculaire et la satiété, et que les poivrons rouges apportent de la vitamine C, essentielle pour renforcer le système immunitaire. Les merveilleuses épices, le paprika et le cumin, ajoutent des propriétés anti-inflammatoires et antioxydantes.

Épluchez les pommes de terre, puis détaillez-les en cubes à l'aide du robot ménager muni du disque et de la lame à découper en dés, à la vitesse 2.

Dans une grande sauteuse, faites chauffer 1 c. à s. d'huile d'olive et faites cuire les cubes de pommes de terre à feu vif 4 à 5 min en mélangeant. Poursuivez la cuisson à feu doux et à couvert 10 à 12 min jusqu'à ce que les pommes de terre soient tendres et dorées. Réservez-les dans un plat au chaud.

Pelez l'oignon et l'ail et épépinez le poivron. Détaillez-les également en cubes dans le robot ménager. Ajoutez-les dans la sauteuse avec l'autre c. à s. d'huile d'olive, ajoutez la sauce tomate, le paprika, le cumin, salez et poivrez. Couvrez et laissez mijoter environ 10 min en mélangeant régulièrement. Ajoutez les pommes de terre et mélangez pour bien les enduire de sauce.

Creusez 4 petits trous dans la préparation et cassez-y les œufs. Couvrez et poursuivez la cuisson 5 à 7 min environ, jusqu'à ce que le blanc d'œuf soit cuit. Ajoutez du persil haché et servez.

300 g de pommes de terre à chair ferme

2 c. à s. d'huile d'olive

1 oignon

1 gousse d'ail

1 poivron rouge

200 ml de sauce tomate

2 c. à c. de paprika en poudre

1 c. à c. de cumin en poudre

4 œufs

Quelques branches de persil

Sel, poivre

Pour
4 personnes

Préparation :
10 min

Cuisson :
30 min

PIZZA VERTE

Une pizza composée d'une pâte hyper saine à base de brocoli : une alternative nutritive et sans gluten à la pâte traditionnelle, offrant une dose de fibres, de vitamines et de minéraux.
La garniture de différents légumes santé et fromage de chèvre frais offre une multitude de nutriments essentiels, en particulier des vitamines, des minéraux et des antioxydants.

Préchauffez le four à 180 °C.

Détaillez les fleurettes de brocoli ainsi que la tige. Conservez quelques fleurettes pour la garniture. Mettez le brocoli dans le robot ménager muni de la lame polyvalente. Mixez à la vitesse 2 jusqu'à obtenir de la semoule. Ajoutez les flocons d'avoine et mixez 1 min. Ajoutez enfin les œufs et le sel, mixez encore 1 min.

Versez cette préparation sur une plaque recouverte d'une feuille de papier cuisson. Avec une spatule, étalez et lissez-la pour former un disque de 30 cm environ. Enfournez pour précuire cette pâte pendant 15 min.

Préparez la garniture : équeutez le poivron et épépinez-le. Mettez-le dans la cuve du robot ménager muni de la lame polyvalente. Ajoutez le fromage de chèvre frais, salez, poivrez et mixez pour obtenir une préparation homogène.

Lavez la courgette puis, à l'aide d'un économe, détaillez des lamelles. Coupez les asperges en deux dans la longueur.

Sur la pâte de brocoli précuite, étalez la préparation au poivron. Répartissez ensuite les légumes. Terminez par du sel et du poivre. Enfournez pour 15 min supplémentaires. Servez chaud arrosé d'un filet d'huile d'olive.

PÂTE DE BROCOLI

1 petit brocoli

50 g de flocons d'avoine

2 œufs

Sel

GARNITURE

1 petit poivron rouge

3 c. à s. de fromage de chèvre frais

1 courgette

Quelques asperges vertes

1 poignée de pousses d'épinard

Sel, poivre

Huile d'olive

Pour
4 personnes

Préparation :
15 min

Cuisson :
30 min

TACOS DE POULET EFFILOCHÉ AU GUACAMOLE

Les épices comme le cumin et l'ail offrent des propriétés anti-inflammatoires et antioxydantes bénéfiques pour la santé.
Le poulet est une excellente source de protéines maigres, essentielles pour la construction musculaire et la santé des os. Quant au guacamole maison, il fournit des graisses saines, des fibres, des vitamines et des minéraux, grâce notamment à l'avocat, riche en acides gras monoinsaturés, bons pour le cœur.

Préparez le poulet : dans une assiette creuse, mélangez les épices en poudre et le sel. Roulez les filets de poulet dans ce mélange afin de les enrober.

Faites chauffer une poêle avec l'huile d'olive. Déposez-y les filets de poulet et faites-les cuire 2 min de chaque côté. Versez le bouillon de poulet, couvrez et faites cuire pendant environ 12 min.

Conservez le jus de cuisson et transférez le poulet dans la cuve du robot pâtissier multifonction équipé du batteur plat. Mélangez à la vitesse 2 pour effilocher les filets. Ajoutez le jus de cuisson et mélangez encore 30 s.

Préparez le guacamole : épluchez l'oignon et coupez-le en cubes. Coupez la tomate en deux, retirez les graines et coupez-la en cubes. Ciselez la coriandre. Mettez la chair des avocats dans le bol du robot pâtissier multifonction muni du batteur plat. Ajoutez l'oignon, la tomate, la coriandre, le jus de citron vert, l'ail en poudre et le sel. Tournez à la vitesse 2 pendant environ 1 min. Ne mélangez pas trop, afin de conserver des morceaux.

Garnissez vos tortillas de guacamole et de poulet effiloché et terminez par des oignons rouges en fines lamelles et quelques feuilles de coriandre.

POULET EFFILOCHÉ

1 c. à s. de poudre de piment

1 c. à s. d'origan

1 c. à c. de poudre d'oignon

1 c. à s. de paprika en poudre

1 c. à c. de cumin

1 c. à s. d'ail en poudre

½ c. à c. de sel

4 filets de blanc de poulet

100 ml de bouillon de volaille

1 c. à s. d'huile d'olive

8 petites tortillas

GUACAMOLE

3 avocats mûrs

1 petit oignon

1 tomate

3 branches de coriandre

Le jus de 1 citron vert

1 c. à c. d'ail en poudre

1 oignon rouge

Sel

Pour
4 personnes

Préparation :
25 min

Cuisson :
12 min

MELON,
CHANTILLY AU MIEL
ET MIETTES CROUSTILLANTES

Le melon est une source rafraîchissante de vitamines, de minéraux et d'antioxydants tels que la vitamine C et le bêta-carotène, qui favorisent une peau saine et renforcent le système immunitaire. La chantilly à la crème de coco est une alternative saine et végétale à la crème traditionnelle, tandis que le miel, en plus de sucrer naturellement le dessert, offre des propriétés anti-bactériennes et antioxydantes bénéfiques pour la santé.

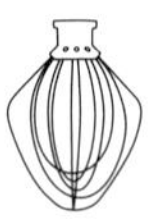

Préchauffez le four à 180 °C.

Mettez les noix de pécan, la farine, le sucre et la fleur de sel dans le robot ménager et mixez à la vitesse 2 pendant 2 min. Ajoutez la purée d'amande et mixez encore 1 min. Déposez la préparation sur une plaque recouverte de papier cuisson et répartissez-la en formant de petits tas comme pour un crumble. Enfournez pour 15 à 20 min. Laissez refroidir.

Mettez la crème de coco au congélateur pendant 10 min.

Épluchez le melon et détaillez-le en fines tranches.

Versez la crème de coco dans la cuve du robot pâtissier multifonction muni du fouet à fils et ajoutez le miel. Fouettez en augmentant petit à petit la vitesse jusqu'à obtenir une chantilly ferme. Servez le melon avec les miettes de biscuit et la crème Chantilly bien fraîche.

1 melon

MIETTES CROUSTILLANTES

40 g de noix de pécan
50 g de farine T80
20 g de sucre complet
1 pincée de fleur de sel
2 c. à s. de purée d'amande complète

CHANTILLY AU MIEL

200 g de crème de coco
1 c. à s. de miel liquide

Pour
6 personnes

Préparation :
10 min

Cuisson :
20 min

Repos :
10 min

SORBET VERVEINE CITRON

Ce sorbet regorge de bienfaits pour la santé : le citron est une excellente source de vitamine C qui renforce le système immunitaire, favorise la digestion et protège contre les radicaux libres. Le miel au pouvoir sucrant naturel offre des propriétés antibactériennes, antivirales et anti-inflammatoires bénéfiques pour la santé. Quant à la verveine, elle est reconnue pour aider la digestion, la relaxation et la réduction du stress.

500 ml d'eau
50 g de sucre
150 ml de jus de citron
Le zeste de 1 citron
40 g de miel liquide
4 branches de verveine
1 blanc d'œuf

La veille, versez l'eau, le sucre, le jus et le zeste de citron et le miel dans une casserole, puis portez à ébullition. Plongez les feuilles de verveine dans ce sirop, couvrez de film alimentaire, puis laissez reposer une nuit au réfrigérateur.

Le jour même, filtrez le mélange. Fixez la sorbetière gelée sur le robot pâtissier multifonction. Actionnez le robot à la vitesse 1 et versez le mélange froid. Laissez le robot tourner pendant 15 min environ, jusqu'à ce que vous obteniez la consistance d'un sorbet mou.

À l'aide du batteur sans fil, montez le blanc d'œuf en neige. Ajoutez-le dans la sorbetière, puis laissez tourner encore 2 min.

Transférez la glace dans un récipient et placez-la au congélateur pendant 4 h ou jusqu'à obtenir une texture ferme.

VARIANTE

Vous pouvez remplacer la verveine par de la menthe ou du basilic et le miel par du sirop d'agave.

Pour
6 personnes

Préparation :
30 min

Cuisson :
5 min

Repos :
1 nuit + 4 h

CHEESECAKE LÉGER AUX FRAMBOISES

Les framboises sont riches en antioxydants, en fibres et en vitamines, contribuant ainsi à la santé cardiovasculaire, à la digestion et au renforcement du système immunitaire. Le fromage blanc, utilisé comme alternative plus légère à la crème, est une excellente source de protéines et de calcium. De plus, le biscuit aux noisettes et flocons d'avoine apporte des fibres et des acides gras insaturés, pour une énergie durable.

Mettez les noisettes et les flocons d'avoine dans la cuve du robot ménager muni de la lame polyvalente. Mixez à la vitesse 2 pendant 1 min. Ajoutez l'huile de coco et le miel, puis mixez encore 1 min. Étalez ce mélange au fond d'un moule à bord haut et à charnière de 20 cm de diamètre. À l'aide du dos d'une cuillère, tassez bien.

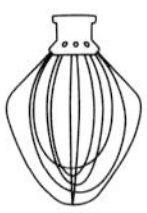

Préchauffez le four à 180 °C. Faites précuire le biscuit pendant 10 min, le temps de préparer la garniture.

Séparez les blancs des jaunes d'œufs. Mettez les jaunes d'œufs, les graines de la gousse de vanille et 25 g de sucre dans la cuve du robot pâtissier muni du fouet à fils et fouettez à la vitesse maximale pendant 5 à 6 min. À la vitesse 1, ajoutez le fromage blanc, une cuillerée à la fois, puis le fromage à tartiner et enfin la fécule de maïs tamisée. Lorsque le mélange est homogène, versez-le dans un saladier et lavez la cuve.

Mettez les blancs d'œufs dans la cuve du robot muni du fouet à fils. Fouettez à la vitesse 10. Lorsque les blancs commencent à être montés, ajoutez les 25 g de sucre restants. Fouettez encore 2 min. À l'aide d'une spatule, ajoutez délicatement les blancs d'œufs au mélange précédent. Versez le tout dans le moule, sur le biscuit.

Enfournez pour 30 min de cuisson. À la fin de la cuisson, laissez le gâteau dans le four la porte entrouverte pendant 1 h. Stockez-le ensuite au réfrigérateur jusqu'à refroidissement complet.

Préparez le coulis de framboise : mettez tous les ingrédients dans le blender et mixez à la vitesse 3. Passez ce coulis au tamis afin de retirer les graines des framboises.

Servez le cheesecake décoré de framboises fraiches avec le coulis.

BISCUIT

50 g de noisettes

50 g de flocons d'avoine

50 g d'huile de coco désodorisée

1 c. à s. de miel

APPAREIL AU FROMAGE

4 œufs

50 g de sucre

350 g de fromage blanc

150 g de fromage à tartiner nature (type cream cheese)

60 g de fécule de maïs

1 gousse de vanille

COULIS DE FRAMBOISE

20 g de sucre glace

250 g de framboises

Le jus de ½ citron

Pour
8 personnes

Préparation :
25 min

Cuisson :
40 min

Repos :
1 h

AUTOMNE

PANCAKES À LA FARINE DE CHÂTAIGNE

La combinaison des deux farines offre des protéines, des fibres et des glucides complexes, favorisant la satiété et une bonne libération de l'énergie. La purée d'amande contribue à la teneur en protéines et apporte des acides gras sains, bénéfiques pour la santé cardio-vasculaire. Ces pancakes digestes sont sources de vitamine B, de fer et de magnésium grâce à la farine de châtaigne. Une recette à faible impact glycémique, idéale pour un petit déjeuner énergétique et nutritif!

Préparez la purée d'amande : faites torréfier les amandes au four à 160 °C pendant 15 min en mélangeant à mi-cuisson. Laissez-les refroidir. Mettez les amandes dans la cuve du blender. Mixez à la vitesse 5 pendant 1 min. Arrêtez le blender, raclez les bords, puis continuez de mixer jusqu'à l'obtention d'une pâte liquide. Ajoutez alors le sel et la vanille et mixez encore 30 s. Stockez dans un bocal.

Préparez les pancakes : mettez le lait et l'œuf dans la cuve du blender, ajoutez les farines, le sucre et la levure. Mixez à la vitesse 3 pendant 2 min.

Faites chauffer une grande poêle légèrement huilée. Versez des petits tas de pâte. Lorsque des bulles apparaissent à la surface, retournez les pancakes et prolongez la cuisson 1 à 2 min. Recommencez jusqu'à épuisement de la pâte. Servez bien chaud avec la purée d'amande et un fruit frais.

PURÉE D'AMANDE

250 g d'amandes

1 pincée de sel

½ c. à c. de vanille liquide

PANCAKES

125 g de lait de riz

1 œuf

80 g de farine de châtaigne

50 g de farine de petit épeautre

20 g de sucre complet

6 g de levure chimique

CONSEIL

Servez les pancakes avec des fruits de saison : poires, pommes, figues, prunes, kiwis, coings…

Pour
4 personnes

Préparation :
10 min

Cuisson :
20 min

BOISSON À LA NOISETTE

Une délicieuse boisson énergisante et riche en éléments nutritifs, idéale pour stimuler votre journée tout en apportant des bienfaits pour la santé. Les noisettes sont riches en acides gras mono-insaturés, principalement sous forme d'oméga-9 favorisant la santé cardio-vasculaire, tandis que le cacao non sucré est une source puissante d'antioxydants contribuant à la protection cellulaire. Le sirop d'érable, en plus d'apporter une douceur naturelle, contient des polyphénols, ainsi que des minéraux comme le zinc et le manganèse.

Mettez les noisettes dans un saladier, couvrez-les d'eau bouillante et laissez-les tremper pendant 1 à 12 h.

Égouttez les noisettes et transférez-les dans le blender. Ajoutez l'eau. Mélangez à la vitesse 5 pendant 1 min, le mélange doit être crémeux et onctueux. Filtrez à travers une serviette fine et essorez bien.

Reversez la boisson à la noisette dans le blender et ajoutez la poudre de cacao, l'extrait de vanille, le sirop d'érable et le sel. Mélangez à la vitesse 5 jusqu'à l'obtention d'un mélange homogène.

Conservez la boisson dans une bouteille ou un bocal jusqu'à quatre jours au réfrigérateur. Agitez avant de servir.

150 g de noisettes

1 l d'eau

2 c. à s. de cacao en poudre non sucré

1 c. à c. d'extrait de vanille

1 c. à s. de sirop d'érable

¼ de c. à c. de sel

Pour
6 personnes

Préparation :
15 min

Repos :
1 à 12 h

SMOOTHIE FIGUE, MÛRE, CITRON
ET LAIT D'AVOINE

Ce smoothie est parfait pour apporter une belle énergie, tout en fournissant des nutriments essentiels pour la santé ! Le lait d'avoine, sans lactose ni acide gras saturé, est facile à digérer. Les figues apportent des fibres bonnes pour le transit intestinal, des antioxydants et des minéraux, tandis que les mûres ou les myrtilles ajoutent de la vitamine C et des anthocyanes, reconnues pour améliorer la circulation sanguine. Le citron offre une touche d'acidité rafraîchissante et une dose supplémentaire de vitamine C. Enfin, la poudre d'açaï est un super-aliment qui apporte de nombreux antioxydants, renforçant les défenses immunitaires et favorisant la santé de la peau.

Mettez le lait, les figues, les mûres, le jus de citron et la poudre d'açaï dans le blender. Mixez à la vitesse 5 pendant 1 min pour obtenir un smoothie bien homogène. Servez bien frais et consommez immédiatement.

200 ml de lait d'avoine

8 figues

Quelques mûres ou myrtilles

Le jus de ½ citron

1 c. à c. d'açaï en poudre

VARIANTES

Vous pouvez remplacer le lait d'avoine par du lait d'amande maison (p. 58). Si vous préférez une saveur plus sucrée, vous pouvez ajouter 1 c. à c. de sirop d'agave à ce smoothie.

Pour
2 personnes

Préparation :
5 min

TARTINADE DE LENTILLES CORAIL

ET CRACKERS AUX GRAINES

La tartinade de lentilles corail associée à des crackers aux graines constitue une combinaison nutritionnelle bénéfique et équilibrée. Les lentilles corail sont une excellente source de protéines végétales, de fibres, de fer et de vitamines, favorisant la satiété et la santé digestive. Le curry, le cumin et le zaatar sont des épices santé qui ajoutent des saveurs riches tout en apportant des composés antioxydants bénéfiques. Les crackers, quant à eux, fournissent un cocktail d'acides gras essentiels, en particulier des oméga-3, grâce à la variété de graines, ainsi que des fibres, des protéines et divers nutriments essentiels, contribuant à la santé cardiaque, à la régulation du cholestérol et au maintien de l'énergie.

Préparez les crackers : mettez les graines de lin dans le bol mélangeur du blender et mixez à la vitesse 5 pendant 1 min afin de les réduire en poudre. Versez la poudre obtenue dans la cuve du robot pâtissier multifonction muni du batteur à pâtisserie. Ajoutez les autres graines et le sel. Mélangez à la vitesse 1 et ajoutez l'eau bouillante. Faites tourner 1 min. Laissez reposer la préparation 10 min dans le bol.
Pendant ce temps, préchauffez le four à 160 °C. Couvrez une plaque de papier cuisson et étalez la préparation dessus. Lissez bien avec une spatule pour obtenir une couche d'une épaisseur régulière. Enfournez pour 1h15 de cuisson. Les graines doivent être bien dorées et craquantes. Laissez refroidir avant de détailler en morceaux.

Épluchez la carotte, puis râpez-la à l'aide du robot pâtissier muni de la râpe à cylindre munie du cylindre à trous moyens. Portez une casserole d'eau salée à ébullition, puis versez-y les lentilles corail et la carotte râpée. Faites cuire 12 min. Égouttez, puis laissez tiédir. Mettez-les dans la cuve du robot ménager muni de la lame polyvalente. Ajoutez la gousse d'ail, le concentré de tomate, le curry, le cumin, le jus de citron, l'huile de sésame et du sel. Mixez à la vitesse 2 pendant 2 min. Raclez les bords et mixez encore 1 min.

Servez la tartinade saupoudrée de zaatar avec les crackers aux graines.

CRACKERS

50 g de graines de lin
150 g de graines de courge
50 g de graines de tournesol
50 g de graines de pavot
50 g de graines de chia
75 g de graines de sésame
1 c. à c. de sel
400 ml d'eau bouillante

TARTINADE DE LENTILLES CORAIL

150 g de lentilles corail
1 carotte
1 gousse d'ail
1 c. à s. de concentré de tomate
½ c. à c. de curry
½ c. à c. de cumin en poudre
Le jus de ½ citron
1 c. à s. d'huile de sésame grillé
1 c. à s. de zaatar
Sel

Pour
6 personnes

Préparation :
20 min

Cuisson :
1 h 30

Repos :
10 min

SALADE ASIATIQUE AU TOFU SAUTÉ

Une salade santé, faible en calories et riche en protéines végétales, grâce au tofu. Les carottes sont une excellente source de vitamine A, de caroténoïdes et de fibres, ce qui contribue à diminuer le cholestérol et les triglycérides ; tandis que le chou blanc est dépuratif et diurétique, pour un effet détox ! La vinaigrette au gingembre et sésame, riche en acides gras sains, ajoute des propriétés anti-inflammatoires et antioxydantes : des alliés précieux dans la lutte contre les effets du vieillissement et le développement de nombreuses maladies.

Épluchez les carottes. Installez la râpe à cylindre muni du cylindre à trous moyens sur le robot pâtissier multifonction, puis râpez les carottes et le chou blanc. Effeuillez la coriandre et ciselez-la. Mettez les légumes râpés dans un plat, ajoutez la coriandre et la cébette ciselée et mélangez.

Mettez les ingrédients de la vinaigrette dans un bocal haut et mixez à l'aide du mixeur plongeant sans fil pendant 1 min.

Préparez le tofu : déballez le tofu, puis épongez-le dans un torchon propre afin de retirer le maximum d'humidité. Détaillez-le en cubes, puis roulez-les dans la fécule de maïs afin de bien les enduire. Faites chauffer l'huile de sésame dans une poêle et faites-y saisir le tofu à feu vif. Dans un bol, mélangez la sauce soja, le miel, l'eau, le paprika et l'ail. Versez ce mélange sur le tofu et faites revenir encore 2 min.

Déposez le tofu sauté sur les crudités. Arrosez de vinaigrette au sésame et saupoudrez de graines de sésame.

4 carottes

½ chou blanc

1 petit bouquet de coriandre

2 branches de cébette

VINAIGRETTE AU GINGEMBRE ET SÉSAME

1 gousse d'ail écrasée

1 c. à s. de gingembre frais râpé

3 c. à s. d'huile d'olive

3 c. à s. d'huile de sésame

4 c. à s. de vinaigre de riz

4 c. à s. de sauce soja

2 c. à s. de miel

3 c. à s. d'eau

TOFU SAUTÉ

1 bloc de 200 g de tofu nature

2 c. à s. de fécule de maïs

1 c. à s. d'huile de sésame

1 c. à s. de sauce soja

1 c. à s. de miel

2 c. à s. d'eau

½ c. à c. de paprika fumé

½ c. à c. d'ail en poudre

Pour
4 personnes

Préparation :
15 min

Cuisson :
5 min

SALADE D'AUTOMNE

Une salade protéinée alliant lentilles, pois chiches, œufs et anchois, pour une combinaison complète d'acides aminés et une sensation de satiété durable. Les graines de courge offrent des nutriments essentiels, dont des acides gras oméga-3 bénéfiques pour le cœur. Le chou kale, un super-aliment parmi les légumes-feuilles, est une source concentrée de vitamines A, C et K, ainsi que de minéraux comme le calcium et le magnésium, renforçant ainsi le système immunitaire et favorisant la santé osseuse. Et n'oublions pas la pomme, riche en fibres, vitamines et antioxydants, qui contribue à la santé cardiovasculaire.

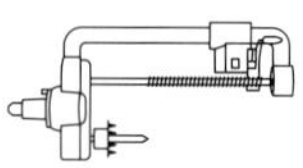

Portez une grande casserole d'eau salée à ébullition. Plongez-y les lentilles et faites-les cuire en suivant les instructions du paquet. Égouttez-les, puis laissez-les refroidir.

Préchauffez le four à 180 °C.

Lavez le potimarron, puis coupez-le en fines tranches. Déposez-les sur une plaque recouverte de papier cuisson. Ajoutez les pois chiches égouttés. Arrosez-les d'huile d'olive et de paprika fumé. Enfournez pour 20 à 25 min en prenant soin de mélanger à mi-cuisson. À la fin de la cuisson, laissez tiédir.

Préparez la sauce Caesar : mettez tous les ingrédients dans le bol mélangeur du blender. Mixez à la vitesse 4 pendant 1 min.

Fixez l'accessoire taille-légumes en spirale sur le robot pâtissier multifonction. Placez une pomme au centre de la brochette à fruits et légumes rattachée au taille-légumes. Fixez la lame à trancher à petit noyau et positionnez-la à l'extrémité de la pomme. Placez un bol sous les lames afin de recueillir les tranches. Démarrez le robot à la vitesse 4. Répétez l'opération avec l'autre pomme. Recoupez les tranches en deux.

Répartissez dans les assiettes les lentilles, les feuilles de chou kale, le potimarron et les pois chiches rôtis et enfin les tranches de pommes. Saupoudrez de graines de courge et de raisins secs. Pour terminer, arrosez de sauce Caesar. Servez immédiatement.

100 g de lentilles vertes
1 petit potimarron
1 boîte de pois chiches en conserve (240 g)
1 c. à s. d'huile d'olive
1 c. à s. de paprika fumé
2 pommes
Quelques feuilles de chou kale
1 c. à s. de graines de courge
1 c. à s. de raisins secs

SAUCE CAESAR

4 filets d'anchois au sel
1 œuf dur
1 gousse d'ail
1 c. à c. de sauce Worcestershire
5 c. à s. de fromage blanc de brebis
Le jus de ½ citron
Quelques brins de ciboulette
Sel

Pour
4 personnes

Préparation :
15 min

Cuisson :
40 min

RIZ DE CHOU-FLEUR

Une recette équilibrée et délicieuse, offrant une multitude de nutriments essentiels pour une santé au top ! Le chou-fleur vous apporte de la vitamine C, des fibres et des antioxydants, soutenant ainsi l'immunité et la digestion. Les poivrons ajoutent des vitamines, notamment A et C, renforçant la santé de la peau et des yeux. Les graines et l'huile de sésame fournissent des acides gras essentiels pour une bonne santé cardiovasculaire. Enfin, les fèves d'edamame, riches en protéines végétales, en fibres et en isoflavones, favorisent la satiété, la régularité intestinale et la santé hormonale.

1 petit chou-fleur
1 c. à s. d'huile d'olive
1 poivron rouge
1 c. à s. d'huile de sésame
1 gousse d'ail
¼ de c. à c. de sel
1 c. à c. de poivre noir
100 g de fèves d'edamame cuites
1 c. à c. de graines de sésame noir

Coupez les feuilles du chou-fleur et réservez-les. Lavez le chou-fleur et retirez les fleurettes de la tête. Ne jetez pas la tige restante. Placez les fleurettes dans le robot ménager multifonction muni de la lame polyvalente et effectuez plusieurs impulsions jusqu'à obtenir une texture proche de celle du riz. N'effectuez pas trop d'impulsions, la préparation doit garder une certaine texture.

Faites chauffer l'huile d'olive dans une poêle à feu moyen. Versez le riz de chou-fleur dans la poêle et faites cuire environ 5 min en mélangeant.

Pendant ce temps, coupez la tige du chou-fleur en bâtonnets. Si vous avez de petites feuilles, laissez-les telles quelles. Si vous avez des feuilles avec de grosses tiges, vous pouvez retirer les feuilles des tiges et couper les tiges en bâtonnets. Coupez le poivron en bâtonnets. Dans un wok, faites chauffer l'huile de sésame à feu vif. Ajoutez les bâtonnets de chou-fleur et faites sauter pendant quelques minutes jusqu'à ce qu'ils deviennent tendres. Ajoutez les feuilles de chou-fleur et le poivron rouge dans le wok. Poursuivez la cuisson en mélangeant encore 2 à 3 min jusqu'à ce que les légumes soient légèrement ramollis.

Ajoutez l'ail écrasé, du sel et du poivre. Faites sauter 1 min de plus pour bien libérer les saveurs.

Servez le riz de chou-fleur avec les légumes sautés. Ajoutez les fèves d'edamame et parsemez de graines de sésame noir.

Pour
2 personnes

Préparation :
10 min

Cuisson :
20 min

QUICHE AUX POUSSES D'ÉPINARD

Cette quiche, à base de pâte maison, est une recette équilibrée et délicieuse ! La farine de sarrasin est naturellement sans gluten et riche en protéines, en fibres et en minéraux tels que le magnésium et le zinc, favorisant ainsi la digestion et la santé musculaire.
Les pousses d'épinard apportent des vitamines A, C et K, ainsi que des antioxydants, renforçant le système immunitaire. Le tofu est riche en protéines végétales et en acides aminés essentiels, et les œufs ajoutent une dose supplémentaire de protéines complètes, ainsi que des nutriments comme la vitamine D et la choline, essentiels pour la santé du cerveau et des os.

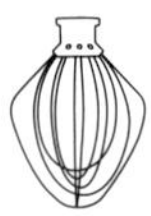

Préchauffez le four à 180 °C.

Préparez la pâte : mettez les farines, le sel et les graines de sésame dans le bol du robot pâtissier multifonction muni du batteur à pâtisserie. Mélangez à la vitesse 1 pendant 30 s, puis ajoutez l'huile d'olive et l'eau. Mélangez jusqu'à l'obtention d'une boule. À l'aide d'un rouleau à pâtisserie, étalez-la, puis disposez-la dans un moule à tarte. Recoupez les bords si nécessaire. Enfournez pour 10 min afin de précuire la pâte pendant la préparation de la garniture.

Lavez l'épinard. Faites chauffer l'huile d'olive dans une poêle. Ajoutez l'épinard et la gousse d'ail hachée, salez, poivrez et mélangez pendant 2 min. Une fois l'épinard tombé, laissez-le tiédir.

Mettez les œufs, le fromage blanc, le sel et le poivre dans la cuve du robot pâtissier multifonction muni du fouet à fils et mélangez à la vitesse 1 pendant 1 min. Détaillez le tofu fumé en petits cubes.

Sortez le fond de tarte du four. Répartissez dessus l'épinard et le tofu. Versez la préparation aux œufs, puis saupoudrez de graines de sésame. Enfournez pour 30 min de cuisson. Dégustez tiède.

LA PÂTE

180 g de farine T80

60 g de farine de sarrasin

½ c. à c. de sel

1 c. à s. de graines de sésame

60 g d'huile d'olive

100 ml d'eau

LA GARNITURE

250 g d'épinard

1 c. à c. d'huile d'olive

1 gousse d'ail

3 œufs

250 g de fromage blanc au lait de brebis

100 g de tofu fumé

1 c. à s. de graines de sésame

Sel, poivre

Pour
6 personnes

Préparation :
20 min

Cuisson :
45 min

GALETTES DE LÉGUMES AU QUINOA

Des galettes savoureuses et nutritives, idéales pour intégrer davantage de légumes dans votre alimentation ! Elles offrent de nombreux bienfaits pour la santé : le quinoa, riche en protéines complètes, fournit une énergie durable tout en favorisant la régulation de la glycémie ; les courgettes et les carottes ajoutent des fibres, des vitamines et des minéraux, soutenant ainsi la santé digestive, la vision et l'immunité ; la farine de pois chiches, sans gluten et riche en protéines végétales, fournit une dose supplémentaire de nutriments essentiels. Enfin, l'ail des ours, riche en antioxydants et en composés anti-inflammatoires, apporte des bienfaits pour la santé cardiovasculaire et immunitaire.

Portez une casserole d'eau à ébullition, puis plongez-y le quinoa et laissez-le cuire selon les indications du paquet. Égouttez-le et laissez-le tiédir.

Préchauffez le four à 180 °C.

Lavez la courgette et épluchez la carotte. Râpez-les à l'aide du robot ménager muni du disque à trous moyens. Mettez-les dans un torchon propre, puis essorez-les pour en retirer l'eau. Mettez les légumes râpés égouttés dans la cuve du robot pâtissier multifonction. Ajoutez le quinoa, l'œuf, la farine de pois chiches, l'ail des ours en poudre et le sel. Mélangez à la vitesse 1 pendant 2 min.

Déposez une feuille de papier cuisson sur une plaque. À l'aide d'un emporte-pièce, formez 4 galettes en tassant bien avec le dos d'une cuillère. Enfournez pour 25 min de cuisson. Dégustez tiède avec une salade d'endives.

120 g de quinoa
1 petite courgette
1 carotte
1 œuf
50 g de farine de pois chiches
1 c. à c. d'ail des ours en poudre
Sel

Pour
4 personnes

Préparation :
10 min

Cuisson :
35 min

TIAN DE LÉGUMES D'AUTOMNE

Ce tian équilibré offre de multiples bienfaits nutritionnels : la courge et le céleri fournissent des vitamines et des fibres bonnes pour la digestion. Les pommes ajoutent des antioxydants, tandis que les noix apportent de bonnes graisses, des protéines, et des minéraux tels que le magnésium et le zinc, bénéfiques pour la santé cognitive et la régulation du sucre dans le sang.

Préchauffez le four à 180 °C.

Épluchez la courge butternut, les pommes, le céleri-rave et les oignons rouges. Détaillez-les en quartiers. Installez le disque à trancher réglable sur le robot ménager et réglez sur la plus fine épaisseur. Tranchez les légumes.

Dans un plat à gratin, déposez les légumes sur la tranche en les alternant, à la façon d'un tian. Salez et poivrez, puis versez le bouillon sur les légumes.

Mettez les noix, la feta et les feuilles de romarin dans la cuve du robot ménager muni de la lame polyvalente et mixez à la vitesse 2 pendant 1 min. Émiettez régulièrement cette préparation sur les légumes.

Enfournez et laissez cuire pendant 45 min afin que les légumes soient bien confits. Dégustez avec une salade de mâche.

½ courge butternut
2 pommes
1 petit céleri-rave
2 oignons rouges
100 ml de bouillon de légumes
50 g de noix
50 g de feta
1 branche de romarin
Sel, poivre

Pour
4 personnes

Préparation :
15 min

Cuisson :
45 min

SOUPE CURRY
À LA NOIX DE COCO ET AUX CAROTTES

Le lait et l'huile de coco apportent des acides gras bénéfiques pour le cerveau et le système immunitaire. Les carottes, riches en bêta-carotène et en fibres, sont excellentes pour la vision et la régulation du transit intestinal. Quant au gingembre frais, il est reconnu pour ses propriétés anti-inflammatoires, digestives et immunitaires. Ensemble, ces ingrédients font de cette soupe un plat réconfortant et nourrissant pour le corps et l'esprit, parfait pour se revitaliser !

Faites fondre l'huile de coco dans une casserole à feu moyen. Épluchez et coupez grossièrement les échalotes, le gingembre, les carottes et l'ail. Faites revenir les aromates et les carottes pendant 5 min.

Ajoutez la pâte de curry et faites revenir 5 min à feu doux. Ajoutez le bouillon, couvrez et laissez mijoter la soupe pendant environ 30 min, jusqu'à ce que les légumes soient tendres.

Transférez la soupe dans la cuve du blender, ajoutez le lait de coco et mixez à la vitesse 4 jusqu'à ce que la soupe soit parfaitement onctueuse.

Servez avec des garnitures telles que de l'huile de piment, de la coriandre et des pois chiches grillés croustillants.

1 c. à s. d'huile de coco
2 échalotes
2 cm de racine de gingembre
500 g de carottes
1 gousse d'ail
1 c. à s. de pâte de curry rouge
750 ml de bouillon de légumes
60 ml de lait de coco entier

Pour
4 personnes

Préparation :
10 min

Cuisson :
30 min

BOUILLON THAÏ ET BOULETTES DE POULET

Un bouillon rassasiant et rempli de bienfaits pour la santé ! Les carottes, les oignons et le céleri apportent des antioxydants et des fibres, soutenant la digestion et réduisant l'inflammation. Le gingembre, avec ses propriétés anti-inflammatoires, donne un coup de pouce à l'immunité. La citronnelle offre des bienfaits anti-bactériens. Le poulet, riche en protéines maigres, fournit des acides aminés essentiels pour la croissance et la réparation des tissus musculaires.

Épluchez les carottes et l'oignon. Installez la râpe multifonction munie du cylindre à trancher sur le robot pâtissier multifonction. Tranchez les carottes et l'oignon. Lavez les branches de céleri et coupez-les en petits tronçons. Épluchez le gingembre et détaillez-le finement avec la citronnelle. Effeuillez la coriandre.

Mettez les carottes, les oignons, le céleri, le gingembre, la citronnelle, la sauce soja dans une grande casserole. Salez légèrement. Ajoutez l'eau, puis portez à ébullition. Baissez le feu, couvrez et laissez cuire à petit bouillon pendant 20 min.

Pendant ce temps, préparez les boulettes de poulet : épluchez l'oignon, l'ail et la cébette, détaillez le poulet en gros cubes. Installez le hachoir à viande muni de la grille de hachage moyenne sur le robot pâtissier multifonction. Hachez ensemble le poulet, l'oignon et l'ail. Mettez la préparation dans la cuve du robot pâtissier multifonction muni du batteur à pâtisserie et ajoutez la fécule de maïs, salez et poivrez. Mélangez à la vitesse 1 pendant 2 min. À la main, formez des petites boulettes de la taille d'une noix. Plongez-les dans le bouillon bien chaud et prolongez la cuisson pendant 10 min. Ajoutez les tagliatelles de riz et prolongez la cuisson 5 min. Servez bien chaud.

BOUILLON

4 carottes

1 oignon

3 branches de céleri

3 cm de racine de gingembre

1 bâton de citronnelle

1 c. à s. de sauce soja

½ bouquet de coriandre

1 l d'eau

200 g de tagliatelles de riz

Sel

BOULETTES DE POULET

400 g de blancs de poulet

1 oignon

1 gousse d'ail

2 cébettes

1 c. à s. de fécule de maïs

Sel, poivre

Pour
4 personnes

Préparation :
15 min

Cuisson :
35 min

ŒUF COCOTTE ET SPAGHETTIS DE LÉGUMES

Un plat nourrissant et équilibré : les œufs apportent une bonne teneur en protéines de haute qualité, essentielles pour la croissance musculaire ; la courge butternut et les carottes fournissent des vitamines A, C et des fibres, bénéfiques pour la vision, la santé de la peau et le système digestif ; et la crème de soja, une alternative végétale et saine à la crème traditionnelle, est riche en acides gras insaturés et en protéines végétales.

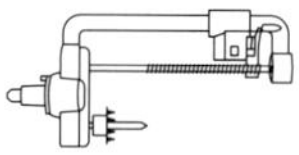

2 carottes
½ courge butternut
100 ml de crème de soja
1 pincée de noix de muscade
4 œufs
Huile d'olive
Sel, poivre
Quelques brins de ciboulette ou graines de courge
Pain complet

Épluchez les carottes et la courge butternut. Installez le taille-légumes en spirales muni de la lame pour spirales fines sur le robot pâtissier multifonction. Mettez la courge sur l'accessoire, réglez la vitesse sur 6 et laissez faire le robot. Répétez l'opération avec les carottes.

Faites cuire ces spirales de légumes à la vapeur pendant 10 min.

Préchauffez le four à 200 °C. Huilez légèrement 4 ramequins puis formez des nids de légumes à l'intérieur. Répartissez la crème de soja et la noix de muscade. Versez un œuf au centre, salez et poivrez.

Versez un fond d'eau chaude dans un plat à gratin, puis déposez-y les ramequins. Enfournez pour 10 min de cuisson, pas plus afin que le jaune d'œuf reste coulant.

Saupoudrez de ciboulette ciselée ou de graines de courge, puis servez bien chaud avec une tranche de pain complet.

Pour
4 personnes

Préparation :
10 min

Cuisson :
20 min

PATATES DOUCES ET CHÂTAIGNES
AU SIROP D'ÉRABLE

Un plat qui apporte une multitude de nutriments santé, avec les patates douces, riches en vitamines A et C, ainsi qu'en fibres, favorisant la santé du système immunitaire et intestinal. Les châtaignes fournissent des glucides complexes, des fibres et des minéraux tels que le potassium et le magnésium, et les noix de pécan sont une excellente source de graisses saines, d'antioxydants et de vitamine E favorisant la santé du cerveau et du cœur. La sauce à base de skyr apporte une bonne dose de protéines pour très peu de matières grasses, tout en offrant également un apport en calcium intéressant pour la santé des os et des muscles.

Préchauffez le four à 190 °C.

Épluchez les patates douces et l'oignon rouge. Installez le kit de découpage en dés sur le robot ménager. Détaillez les patates douces et l'oignon en dés à la vitesse 2. Mettez-les dans un plat à gratin. Ajoutez les châtaignes, les noix de pécan, l'huile d'olive, le sirop d'érable, le mélange quatre-épices et le sel. Mélangez soigneusement pour bien enrober tous les éléments de sauce. Enfournez pour 30 min de cuisson en mélangeant à mi-cuisson.

Pendant ce temps, effeuillez la coriandre et ciselez-la. Mélangez-la au skyr. Salez et poivrez. Étalez dans le fond d'un plat.

À la sortie du four, déposez les légumes sur la sauce, servez bien chaud avec une salade bien croquante.

600 g de patates douces
1 oignon rouge
200 g de châtaignes en bocal au naturel
50 g de noix de pécan
1 c. à s. d'huile d'olive
3 c. à s. de sirop d'érable
1 c. à c. de mélange quatre-épices
150 g de skyr
1 petit bouquet de coriandre
Sel

VARIANTE

Vous pouvez également ajouter des cranberries séchées ou des raisins secs à ce plat.

Pour
4 personnes

Préparation :
10 min

Cuisson :
30 min

CANNELLONIS AU THON

Une farce à base d'ingrédients sains, enveloppée dans des feuilles de pâte faite maison : un plat équilibré, parfait pour toute la famille ! Le thon est une excellente source de protéines maigres, fournissant des acides aminés essentiels pour la construction musculaire et la régénération des tissus. Les oignons apportent des composés antioxydants et anti-inflammatoires. Quant aux carottes, elles ajoutent de la douceur naturelle et sont riches en vitamines A et C.

PÂTES

100 g de farine T55

100 g de farine T80

100 g d'œufs (environ 2 œufs de taille moyenne)

1 pincée de sel

FARCE

2 carottes

1 oignon

1 c. à s. d'huile d'olive

1 grosse boîte de thon au naturel

1 c. à c. d'herbes de Provence

400 ml de coulis de tomate

1 boule de mozzarella

Sel, poivre

Fixez le crochet pétrisseur sur le robot pâtissier multifonction. Versez les farines et le sel dans le bol. Tournez le levier de commande de vitesse sur 4 et commencez à ajouter lentement les œufs battus jusqu'à ce que la pâte forme une boule. Pétrissez la pâte pendant 4 min.

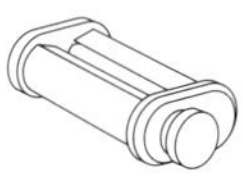

Enveloppez la pâte dans un film étirable et placez-la au réfrigérateur pendant 1 h.

Fixez la machine à pâtes sur le robot pâtissier multifonction. Réglez l'épaisseur sur 1. Tournez le levier de commande de vitesse sur 2 et assouplissez la pâte en la passant plusieurs fois dans la machine, en la pliant en deux entre chaque passage. Réglez l'épaisseur sur 2. Faites passer la pâte à travers les rouleaux pour l'aplatir davantage. Réglez l'épaisseur sur 3, puis 4 sans oublier de fariner la pâte avant chaque passage. Détaillez 12 rectangles de 6 x 10 cm.

Préchauffez le four à 180 °C.

Préparez la farce : épluchez les carottes et l'oignon. Râpez-les à l'aide de la grille à trous moyens du robot ménager. Faites chauffer l'huile d'olive dans une sauteuse, et faites-y revenir l'oignon et les carottes. Faites cuire à feu moyen pendant 5 min. Égouttez le thon, émiettez-le, puis ajoutez-le. Salez, poivrez et ajoutez les herbes de Provence. Faites revenir pendant 3 min.

Versez la moitié du coulis de tomate dans un plat à gratin. Déposez un peu de farce sur le grand bord d'un rectangle de pâte, roulez-le, puis déposez-le dans le plat. Recommencez pour les autres cannellonis. Recouvrez du reste de coulis de tomate, puis répartissez des morceaux de mozzarella par-dessus. Enfournez pour 25 à 30 min.

Pour
4 personnes

Préparation :
30 min

Cuisson :
45 min

Repos :
1 h

BISCOTTIS AUX AMANDES (CANTUCCIS)

Des biscuits peu sucrés et peu gras, avec le sucre de canne complet : une source de glucides naturels qui contient encore une partie de ses nutriments d'origine, en particulier des minéraux comme le calcium, le potassium et le magnésium, contrairement au sucre blanc raffiné. Il a également un indice glycémique plus bas. Les amandes se composent de graisses mono-insaturées saines pour le cœur, de fibres, de protéines, de vitamine E et de minéraux tels que le calcium et le magnésium. Ces nutriments favorisent la santé cardiaque, la satiété, la santé de la peau et la fonction cérébrale.

150 g d'amandes entières
2 œufs
100 g de sucre de canne complet
280 g de farine T55
1 c. à c. de levure chimique
50 g d'huile de tournesol
Le zeste de 1 orange
1 goutte d'extrait d'amande amère
1 pincée de sel

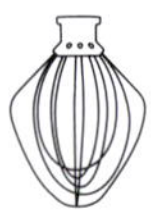

Préchauffez le four à 180 °C.

Mettez les œufs et le sucre dans la cuve du robot pâtissier multifonction muni du fouet à fils. Fouettez à la vitesse 10 pendant 5 min. Changez le fouet pour le batteur à pâtisserie, puis ajoutez la farine, la levure, l'huile, le zeste d'orange râpé, l'extrait d'amande amère et le sel. Mélangez à la vitesse 1 pendant 2 min. Concassez grossièrement les amandes au couteau, puis ajoutez-les.

Déposez la pâte obtenue sur une plaque recouverte de papier cuisson. Mouillez vos mains, puis formez deux longs boudins. Enfournez pour 20 min de cuisson.

Sortez la plaque du four et posez les boudins sur une planche à découper. Détaillez des tranches de 1 cm d'épaisseur et redéposez-les sur la plaque de cuisson. Remettez au four pendant 10 à 15 min, les biscuits doivent être bien dorés. Laissez-les refroidir sur une grille. Ces biscuits se conservent 2 semaines dans une boîte métallique.

VARIANTES

Vous pouvez remplacer l'extrait d'amande amère par de la fleur d'oranger et les amandes par des noisettes, des noix…

Pour
6 personnes

Préparation :
20 min

Cuisson :
35 min

CINNAMON ROLLS AU POTIMARRON

Un version saine des cinnamon rolls traditionnels, en particulier grâce au potimarron qui ajoute une douceur naturelle tout en fournissant une dose de vitamines A et C, ainsi que des fibres, bénéfiques pour la santé de la peau, du système immunitaire et de la digestion. Le sucre complet conserve une partie de ses nutriments d'origine, surtout des minéraux comme le potassium et le magnésium. La purée d'amande est riche en bonnes graisses essentielles pour la santé cardiaque, et la cannelle, aux propriétés antioxydantes et anti-inflammatoires, favorise la régulation de la glycémie et la digestion.

Dans la cuve du robot pâtissier multifonction muni du crochet, mettez la farine, la purée de potimarron froide, la levure de boulanger émiettée, le lait tiède, le sucre, le sel et l'œuf. Faites tourner le robot à la vitesse 2 pendant 5 min afin de bien mélanger. Passez à la vitesse 4 et laissez tourner environ 5 min, afin de donner de l'élasticité à la pâte.

Déposez la boule obtenue dans un saladier et recouvrez de film alimentaire. Laissez pousser pendant 1h à température ambiante ou une nuit au réfrigérateur.

Pendant ce temps, préparez la garniture : mettez dans la cuve du robot pâtissier multifonction muni du batteur plat le sucre, la purée d'amande, le lait végétal et la cannelle en poudre. Mélangez pendant 2 min à la vitesse 1.

Aplatissez la pâte pour la « dégazer », puis, sur le plan de travail fariné, étalez-la au rouleau en un rectangle de 45 x 25 cm environ. À l'aide d'une spatule, étalez la préparation à la cannelle sur toute la surface. Roulez la pâte dans sa largeur afin d'obtenir un rouleau de 45 cm de long. Détaillez-le au couteau en 12 tronçons de taille équivalente. Tapissez un moule d'environ 30 x 20 cm de papier cuisson et déposez les morceaux de pâte de manière régulière.

Couvrez d'un torchon et laissez lever pendant 1h dans un endroit tiède. La pâte doit avoir gonflé et les morceaux doivent se toucher les uns les autres.

Préchauffez le four à 180 °C. Enfournez pour 25 min.

Si vous souhaitez ajouter un glaçage, mettez le fromage frais, le lait, le sucre glace et l'extrait de vanille dans le bol du robot pâtissier muni du fouet à fils et mélangez à la vitesse 2 pendant 2 min. Nappez les brioches tièdes de ce mélange.

500 g de farine T65
200 g de purée de potimarron froide
20 g de levure de boulanger fraîche
110 ml de lait tiède
50 g de sucre complet
8 g de sel
1 œuf

GARNITURE

40 g de sucre roux
3 c. à s. de purée d'amande
4 c. à s. de lait végétal
2 c. à s. de cannelle en poudre

GLAÇAGE (FACULTATIF)

80 g de fromage frais
3 c. à s. de lait
1 c. à s. de sucre glace
½ c. à c. d'extrait de vanille liquide

Pour
6 personnes

Préparation :
25 min

Cuisson :
25 min

Repos :
2 h à 1 nuit
+ 1 h

GÂTEAU MOELLEUX CHOCO-COCO

Un gâteau nourrissant et sain, grâce à ses ingrédients bien choisis : du chocolat noir, à la teneur élevée en cacao, qui apporte de nombreux antioxydants. La noix de coco râpée est riche en fibres et en minéraux tels que le manganèse, qui soutiennent la santé osseuse et la fonction immunitaire. L'huile de coco, qui peut remplacer le beurre, est une source de graisses saturées à chaîne moyenne, bénéfiques pour le métabolisme ; et la crème de soja, utilisée comme alternative à la crème traditionnelle, offre des protéines et des acides gras insaturés.

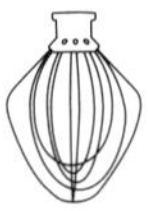

Préchauffez le four à 170 °C.

Mettez les œufs et le sucre dans la cuve du robot pâtissier multifonction muni du fouet à fils. Fouettez à la vitesse 10 pendant 5 min. Pendant ce temps, faites fondre l'huile de coco dans une casserole.
Dans un bol, mélangez la farine, la levure et la noix de coco râpée. Réduisez la vitesse du robot à la vitesse 1 et ajoutez le mélange sec, 1 cuillerée à la fois. Ajoutez ensuite l'huile de coco fondue. Tournez jusqu'à obtenir un mélange homogène. Ajoutez enfin les pépites de chocolat et mélangez encore 10 s. Versez la préparation dans un moule légèrement huilé. Enfournez pour 25 min de cuisson.

Démoulez, puis laissez tiédir.

Préparez la ganache : faites fondre le chocolat noir au four à micro-ondes. Dans une petite casserole, portez la crème de soja à ébullition. Versez-la sur le chocolat, puis émulsionnez à l'aide d'un fouet. Lorsque le mélange est homogène, ajoutez la fleur de sel, puis versez cette ganache sur le gâteau.

4 œufs
80 g de sucre complet
75 g d'huile de coco
160 g de farine
2 c. à c. de levure chimique
60 g de noix de coco râpée
100 g de pépites de chocolat

GANACHE AU CHOCOLAT

100 g de chocolat noir
200 ml de crème de soja
1 pincée de fleur de sel

Pour
6 personnes

Préparation :
15 min

Cuisson :
30 min

ANNEXES

TABLE DES MATIÈRES

HIVER

PRINTEMPS

ÉTÉ

AUTOMNE

INDEX DES RECETTES

O - P

Q - R

S

T

W

INDEX DES PRODUITS

REMERCIEMENTS
À tous les créateurs passionnés qui nous inspirent depuis 1919.

KitchenAid Europa, Inc. Nijverheidslaan 3, box 5, 1853 Strombeek-Bever, Belgium
https://www.kitchenaid.eu/

DIRECTRICE
Aurore Charoy

ÉDITRICE
Fanny Morgensztern

RELECTURE-CORRECTION
Sylvie Rouge-Pullon

MISE EN PAGE ET PHOTOGRAVURE
Nord Compo

PHOTOGRAPHIES
Sandrine Saadi, Studio Basilic
Sauf pp. 2-3 © KitchenAid

RÉDACTION ET RÉALISATION DES RECETTES
Claire Dupuy

RÉDACTION DES PAGES NUTRITION
Aurélie Guerri

RESPONSABLE DES PARTENARIATS
Stéphanie Bardon
stephanie.bardon@webedia-group.com

MIXTE
Papier | Pour une gestion forestière responsable
FSC® C104723

Imprimé en Chine par Toppan sur du papier répondant aux normes FSC®.

ISBN : 978-2-38184-085-7
Dépôt légal : 1er trimestre 2025

Webedia Books
2 rue Paul-Vaillant-Couturier
92300 Levallois-Perret